陪读

肖信斌 著

WUHAN UNIVERSITY PRESS
武汉大学出版社

图书在版编目(CIP)数据

陪读/肖信斌著. —武汉：武汉大学出版社,2015.3
ISBN 978-7-307-15393-6

Ⅰ.陪… Ⅱ.肖… Ⅲ.高中生—家庭教育 Ⅳ.G78

中国版本图书馆 CIP 数据核字(2015)第 048741 号

责任编辑:李 琼　　责任校对:汪欣怡　　版式设计:韩闻锦

出版发行：**武汉大学出版社**　(430072 武昌 珞珈山)
(电子邮件：cbs22@ whu. edu. cn 网址：www. wdp. com. cn)
印刷:武汉中科兴业印务有限公司
开本：880×1230 1/32　印张:11.75　字数:207 千字　插页:2
版次:2015 年 3 月第 1 版　2015 年 3 月第 1 次印刷
ISBN 978-7-307-15393-6　定价:28.00 元

出版者序

我有幸认识了武汉大学附属中学肖信斌校长，拜读了他所著的《116 次谈话》一书。这是一本专门写给高中学生的书。高中三年，116 周，每周一次谈话，针对不同阶段学生可能遇到的学习和生活上的问题，深入浅出地告诉学生许多除学习方法以外的做人道理。肖校长是一个具有独特教育理念的人。我与他探讨中国教育出现的种种问题时，他更担心后高中阶段出现的悲剧往前移。我约他写一本有关学生家长如何教育子女的书，他欣然答应了。几个月后，他的书稿写成了，取名为《怎样陪孩子读高中》。现在，肖校长重新修改了这本书，增加可读性，取名为《陪读》，与《116 次谈话》成为引导学生与指导家长的姊妹篇著作。

《陪读》是一本写给高中生家长和学生的书。在书中，三个高中学生，韩卓凡、王宇辰和尚天天，他们毕业于珞珈山下同一所初中学校，中考成绩差不多，都是很优秀的学生。在家长的主导下，他们分别选择了三所不同的重点中学读高中。三个孩子的家长陪孩子读完了高中三年。由于他们父母及其所属学校的教育理念不一样，三个学生出现了三种截然不同的心智成长过程与高考结果。尚天天去美国读世界名校，王宇辰在国内读重点大学，韩卓凡离家出走，命折于美丽的东湖。

作为一个负责基础教育出版的编辑，我曾组织出版大量的教辅图书。一些大可不必要的书硬是塞进了学生的书包，不是以传授知识文化为目的，而是成了出版商、发行商、学校之间传输利益的载体。唯有肖信斌校长的这两本书让我有极力推荐的冲动，学生、老师、家长都值得一看。

编　者

目 录
CONTENTS

三

四

五

引子：油菜花什么时候开了？

大约是在10年前3月的一天，具体是哪一天我记得不是很准确了。妻子中午快下班时给我打电话，说女儿今天下午学校有活动，不上课，要我中午下班后骑自行车把女儿接回家。那时候女儿正上初一。

接到女儿后，在回家的路上，我们要经过一片菜地，女儿在我自行车的后座上问我："爸爸，油菜花什么时候开了？"

我正卖力地蹬着自行车，不假思索地就回答："早开了，都快要谢了。"

女儿在家吃完午饭，妻子要女儿做作业，我说先睡觉，结果女儿一睡就睡到我们下午下班回家。

她太累了。每天早晨5:20起床，6:00到校，晚上9:30下晚自习，回到家还有老师布置的家庭作业，不做到晚上12:00根本完不成。

这哪里是一个初中学生的作息时间呀？

那天晚上我去学校接女儿的时候，女儿中午的那句话反复在我的脑子里回响：

“爸爸，油菜花什么时候开了？”

走在女儿校园的操场上，我一遍又一遍地回想着女儿的这句问话。渐渐地，我的心灵震颤了起来。女儿上中学后这几个月经历的事情，一幕一幕地在我的脑海里映现出来。

女儿是以全班第二名的成绩小学毕业的，但上不了重点初中，因为她就读的小学对口入学的是一所普通初中。想进重点初中，就必须“自愿”交一笔为数不少的“捐资助学费”。这笔费用是我当时全年的工资总额。

进了重点中学，学校又分重点班、次重点班、普通班。家长们都把孩子往重点班挤。学校将重点班变成收费班。因为义务教育阶段不让编重点班，但可以办寄宿班，学校就将优秀老师都安排进寄宿班。寄宿班只要交钱就可以进去，不管你是不是住校，交钱就行。

女儿小学毕业时，两只眼睛都是1.5的视力，读中学不到一学期，一只视力0.6，一只视力0.8，不戴眼镜就看不到黑板上的字了。学校为了抓中考升学率，女儿每天5:40出门，晚上10:00才能回到家，不放周假，每月29日和30日放两天月假。才13岁的女儿啊，过的就是这样一种披星戴月的生活。

她怎么可能知道油菜花开呢？

更让我心灵震颤的是，学校有一些老师，家长不请他吃饭，逢年过节不给他意思意思，他就永远不点你的孩子发言，让你的孩子坐在教室的后几排，或者坐在靠墙的旁边。

现在的学校怎么了？老师怎么了？中学教育又怎么了？

我也曾教过 10 年书，从 1981 年到 1991 年，我的第一份工作就是初中语文教师，1984 年的时候，我就在一所农村初中学校任教务主任了。那时候，中学不是这个样子的。虽说学生、老师、学校也有升学的压力，但没有像现在这样完全让学生像机器一样运转。后来我进了政府机关，学校对我来说越来越陌生了。

那天晚上，在女儿学校的操场上，我望着女儿教室里的灯光，默默地在心里作出了一个人生选择。我在很长的时间里，没有将这个选择告诉任何人。

我只是在同女儿一起回家的路上，试探性地问了一下女儿。

“爸爸回到学校教书好不好？”

女儿很干脆地回答：

“不好。”

“为什么？”

“做老师太累，我不愿爸爸工作太辛苦。”

听到这里，我的眼眶有些湿润了，多么懂事的女儿！哪怕她的年龄还这么小，哪怕她正在过着一种并不快乐的"不知油菜花开"的学习生活。而她，却已经知道心疼自己的爸爸。

我决定回到学校工作。

为了我的女儿。

为了另外一些"不知油菜花开"的孩子。

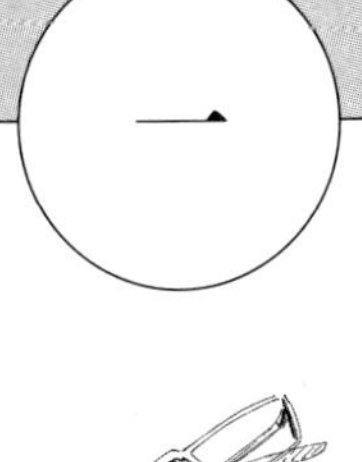

一

我们的青春岁月似乎就是由无数个考试组成的。考完一次，还有更艰难的考试正等着我们。我们为谁考？为什么考？考完之后，我们想干什么？能干什么？我们好像没有时间，也不想思考这样的问题。

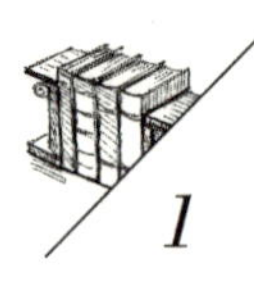

1 珞珈山之约

在学校工作的日子是忙碌而充实的。回到学校上班的第二天，我就住到学校，每天早晨5:30与学生同时起床，晚上11:00在学生宿舍与值班教师一起查完学生就寝，再回到自己在办公室旁边临时建起的一个窝，翻几页书，思考一下当天的工作，计划一下明天该做的事情，睡觉的时候一般就是晚上12:00了。

这样的工作节奏虽然让人觉得很累，但与在机关工作时的感觉是完全不一样的。尤其是当一个人喜欢这份工作的时候，日子总是过得那样快。

一晃就到了高考。

没多少天又到了中考。

我们学校是完全中学，有初中，也有高中。在忙碌完中考、高考之后，我一直在思考一个问题，我该用一种什么样的理念来办学，来管理这所学校，来引领这所学校的发展？这种理念不能太空，必须体现在学生成长的过程之中，必须融入老师的教学思想之中。它决不能仅仅是一个口号，否则，就只能是写在纸上、贴在墙上的空话而已。

东湖大学附属中学的校园环境是非常美的。校园内，有几十年的参天大树。校园外，背面是东湖市第一名山珞珈山，迎面是东湖市以之命名的碧波浩渺的东湖。整个校园坐山临湖，是一块人杰地灵的风水宝地。

每当遇到什么思索不清的问题的时候，我喜欢一个人独自登上珞珈山，在山顶远望万顷东湖碧水。这个时候，我的心就宽广起来，有一些平时找不到的灵感，也会突然之间冒出来。

那是在中考之后的一天，我上珞珈山的时候，看到了三个穿东湖大学附属中学校服的学生。我上前问他们："你们是哪一个班的学生，今天怎么没有上课？"

"我们是初三（5）班的。我们已经毕业了，校长。"其中一个学生回答。

"你们知道我是校长？"

"晨会的时候你给我们讲过话。"还是刚才答话的那个学生。

"你们放了假怎么又跑到珞珈山上来了？"

"我们今天回学校，填中考志愿。"另一个学生答道。

“你们准备上什么学校呢？是继续在我们学校读高中，还是到别的学校完成高中学业？”

“我想就在我们学校读高中，但我爸爸妈妈不同意。他们要我上东湖师范大学附属中学。他们说东湖师大附中是全省名校，那里的同学是从全省考来的，要我与他们去竞争。我的中考成绩是630分，可以上东湖师大附中。”

“哦，你的中考成绩不错，全市过630分的学生只有120多名，你有一个很好的高中起点。你叫什么名字？”我问道。

“我叫韩卓凡，他叫王宇辰，中考成绩610分。”

韩卓凡拉了一下他身边的一位同学，又指了离他稍远一点的另一位同学说：“他叫尚天天，中考成绩580分。我们三个人是好朋友，我们都想继续在东大附中读高中，但我爸爸妈妈和宇辰的爸爸妈妈都反对。”

“我爸爸妈妈要我读东湖实验中学。我的成绩也达到了东湖实验中学的录取线。”王宇辰说。

天天接着宇辰的话说：“我爸爸妈妈支持我继续在东大附中读高中。他们说这里离家近，老师也熟悉，环境也好。我们将要上不同的高中了，所以，今天就一起爬到珞珈山上玩一玩。”

“我们都舍不得离开这里的老师和同学。”卓凡和宇辰几乎同时说。

“你们的中考成绩都不错。选择什么学校读书，关键是要看你们选择的学校是否有利于你们的学习进步和身心成长。”

听完他们的话，我突然冒出来一个想法。我想对这三个学生进行跟踪教育和观察，把他们三年高中的成长轨迹记录下来。我想看看这三个中考成绩大致相当的学生，在三个不同学校的不同教育理念的引导下，最后以什么样的人生观念、个人修养、性格习惯和学业成绩走出高中，走向大学，步入社会。

于是，我继续对他们说：“你们读什么学校我都支持。我今天与你们来一个约定好不好？在你们三年高中期间，我们四个人每月来珞珈山上一次课。我们姑且叫珞珈山课堂，这个课堂我们不讲教材上的知识，你们把学习和生活中的一些问题带到珞珈山上，我们一起讨论。每一次讨论结束后，我给你们提一些建议，供你们参考。你们看行不行？”

“那太好了，校长。”他们一起说。

“今天就算我们的第一次讨论。我给你们的第一个建议是——适合自己的学校就是最好的学校。希望你们把我的建议带回去，与爸爸妈妈好好商量商量。”

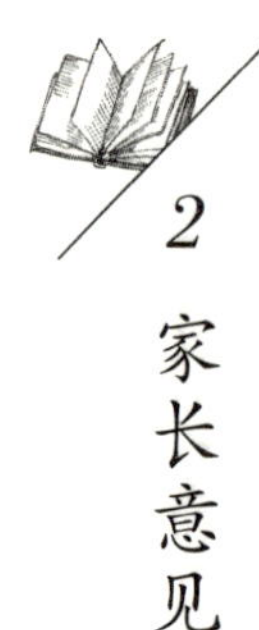

2 家长意见

6 月份那次珞珈山之约，让我兴奋了好几天。我觉得卓凡、宇辰和天天是三个非常不错的学生，乐观、开朗、追求上进，中考成绩也不错，应该有一个不错的前程。在高中三年之内，如果他们能够初步树立自己正确的人生观、价值观，有良好的个人修养和行为习惯，有适应自己的个性化的正确的学习方法，他们应该会取得比较好的高考成绩，会走出一条对社会对家庭有用的人生之路。同时，因为有珞珈山课堂的约定，我也觉得自己身上添了一份责任，好像自己又多了三个孩子似的，有了一种特别的割舍不掉的情感。

这个月，应该是这三个学生最快乐的时候。他们接受了九年教育，经历了那么多次考试，中考结束了，高中生活还没开始，应该可以放松放松，该干什么就干点什么，就是别再拿起那些他们并不情愿天天见面的课本，别再做那些没完没了的练习。但是，我最担心他们的也是这一点。我担心他们的家长会给他们请家教做辅导，会把他们送到社会上的培优机构去参加云里雾里的补习。现在，东湖市的家教与补习之风太盛，在我看来，这完全是家长花钱在慢慢扼杀学生身上那些天然的优秀品质。

一些家长认为，学校一天到晚把学生关在教室里读书，就是好学校，就是对学生负责，学生就能考出好成绩。只要学生高考能考出一个好分数，能够上重点大学，家长什么都愿意付出。

记得刚做校长的第二周，我做出了一个重大决定：改变学生放假时间和作息时间。第一，将学生放月假改为放周假，即由每月 29 日、30 日休息两天，改为每周日休息一天，星期六下午由上四节课改为只上两节课，不上晚自习。第二，老师每天只上七节课，第八节课学生进行课外活动。第三，上早自习时间由 6:30 改为 7:30，下晚自习时间由 22:30 改为 21:30。决定一公布，在学生家长中像是投放了一枚重型炮弹，反响非常强烈。

当天下午放晚学时，有两三百名学生家长把我堵在校门口，情绪激昂。他们有的说我不懂教育，对学生不负责任。有的说原来那个校长不好好办学，不抓学校管理，你来之后更是放松了对老师和学生的要求。还有的说你这些做法是希望自己早点从学校回到机关，把学校当成镀金的地方。

我把家长们请到会议室，让家长们一个一个表达意见。家长的意见比较一致，就是要恢复原来的作息时间，把老师和学生抓紧一点，不能松懈。

家长们提完意见之后，轮到我作出解释了。我说："我非常感谢家长们对学校工作的关心和关注，但是，家长们的意见我是不接受的，我也不会按大家的要求，将学校的作息时间和放假时间改回去。"

我停了一会儿。家长们听了我的话之后，都露出诧异的神情。我之前的校长可能没有这样直接拒绝过家长们的意见。

我喝了一口水，接着说："是的，我只做了一周的校长。这一周，我每天早晨5:30与学生在同一时间起床，锻炼半小时，洗漱半小时。我6:30到教学楼巡视学生早自习，7:30与学生一起吃早餐，8:00~12:00听课、办公。12:00~12:30我与学生一起在食堂吃午饭。午饭之后，我看半小时书报，午休一个小时。下午2:00我又是办公、开会、听课。下午5:30我在学生食堂吃晚餐。下午6:30学生晚自习后，我或开会，或巡课，或读书写作，晚上10:30到学生宿舍查寝，晚上11:00学生寝室熄灯之后，我才回到办公室洗漱休整，晚上12:00才能上床休息。这样的作息时间，连我都受不了，学生怎么受得了？我周末还可以休息一天，学生则要到月底才能休息两天。学生是人啊！家长们，学生不是铁，不是钢。学生这样打疲劳战，看上去时间抓得很紧，实际上学习效率很低，还影响学生的身心成长。”

我说到这里，家长已经没有一个再发议论，都聚精会神地看着我。我接着说：“我现在邀请你们在座的3~5位家长，从今天晚上开始，按学生现在的作息时间跟学一周。我不要你们学知识，只要你们按学生的时间上课、进教室、吃饭、休息。我可以肯定，这样一周下来你们会感觉很累。而你们与学生相比，还没有学习压力，没有各科老师在教室里对学生进行轮番‘轰炸’，没有做不完的习题，没有背不尽的课文、单词。学生们好苦好累好可怜啊！”

这时候，有几位家长开始附和着说：“是的，学生是太累了。但我们不拼，别人在拼，我们担心孩子们高考时分数考不过人家呀！”

3 学生的时间

终于到了我表达对家长们提“意见”不予接受的充分理由的时候了。我说：“学校把上早自习时间推迟一小时，把下晚自习时间提前一小时，每天拿出一节课让学生进行课外活动，把月假改为周假，让学生休息好再学习，这只是学校的目的之一。学校的目的之二，也是为了提高学生的高考分数。每一个学生，无论成绩好坏，总是有的学科成绩相对好一些，有的学科成绩相对差一些。按照原来的作息时间，学校按学科特点平均统一安排课表，老师统一掌握学生的时间。有一些学生已经掌握了的知识，老师还在课堂上浪费一部分学生的时间。而学生没有掌握好的知识，老师可能为了照顾那些已经掌握好了的同学，不讲了。这样一天下来，学生被浪费的时间不少。现在学校早晚各让出一小时的时间出来，每天有一节课的时间，学生可以自由支配。可以休息，可以活动，也可以早晨背课文，记单词，晚上在就寝之前，用一点时间消化吸收一下白天所学的知识。到周日的时候，上午睡个懒觉，身体休整一下。下午复习一下全周所学的知识，尤其是对那些掌握得不是很好的学科，利用周末时间自己复习巩固一下。久而久之，形成适合自己的一套当天消化吸收，周末复习巩固，月尾再梳理牢记的个性化的学习方法。这对学生提高学习成绩是很有效果的。”

我还告诉家长：“学生被老师安排在各门学科上平均使用学习时间，是绝对考不出好的高考成绩的。目前我跟踪分析的一个优秀学生，进入高中以来，数学成绩最差的一次是 148 分，其余均为 150 分的满分。英语一般在 130 ~ 140 分。理科综合一般在 270 ~ 290 分。唯独语文经常在 90 分左右徘徊。按其他几科成绩，这个学生考上清华北大没有问题。但把语文加上去，肯定就没戏。我现在已经对这个学生的语文老师和数学老师提出要求，要对这个学生采取特殊的个性化方法，让他上数学课时自由支配时间。可以学数学，也可以学语文。一定要把他的语文成绩提高到 120 分以上。这样，他的高考成绩达到 660 分就有可能。”

“那其他学生呢?”有的家长迫不及待地问。

“其他学生也一样。我现在要求全校班主任和各科老师，要对每一个学生都进行分析，提出不同的个性化的学习要求，指导学生形成自己独特的学习方法。”

听到这里，家长们不约而同地鼓起掌来。他们纷纷在下面议论：“想不到学校考虑得这么周全，采取了这么多措施。既让学生健康成长，又想办法提高学生成绩。看来我们误解了学校所采取的措施。”

一场因更改放假时间和作息时间的风波就这样平息了。后来的高考结果证明，学校采取这样的办法是非常有效的。学校今年上一本大学的人数比去年增加了 40 余人。我在家长会上提到的那个学生考了 668 分，被清华大学录取。东湖大学附属中学已经有 10 年没有学生考上清华北大了。

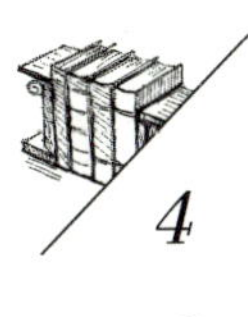

4 不一样的暑假

因为今年学校的高考成绩不错，所以 7 月中旬上珞珈山的时候，我心情特别好。东湖市是中国著名的火炉城市。尽管我早晨 7:00 多一点就上山了，但还是热汗淋漓。我之所以这么早，一是因为我有早起的习惯，二是想早一点到山上，给珞珈山课堂的学生们做一个样子。

我登上珞珈山山顶的时候，一阵微风从山下的东湖水面吹过来，好不凉爽。

“校长早！”卓凡、宇辰和天天不知从哪儿一下子蹦出来，齐刷刷站在我面前。

“你们早！”我一时没有回过神来，还左右张望，看他们是从哪里冒出来的。

“为什么这么早？”我问。

“我们早就等不及了，我们有好多话要跟校长说。”

还是和上次见面的时候一样，卓凡先开腔：“我的爸爸妈妈准备让我上东湖师大附中数学实验班。现在强迫我参加暑期奥数补习班。我虽然喜欢数学，但我不想上实验班，也不想补习数学。我想参加东湖市体校少年暑期足球队，爸爸妈妈坚决不让我参加。他们一星期只让我踢一次球，我生气得到现在也没有和他们说话。”

“你们两位呢？”我问宇辰和天天。

“我也一样。爸爸妈妈认为我这次中考没有卓凡考得好，上不了东湖师大附中，他们还是让我读实验中学。他们也要我参加暑期初高中衔接班补习，我与卓凡一样，也不愿意参加补习，也想踢足球。”

宇辰一边说，一边把手里的足球举过头顶。这时候我才注意到，他们三人今天都穿着球衣球鞋，像是要去打球的样子。

天天很沉着，说话有一些慢条斯理：“我妈妈要我补习，但我爸爸坚决反对，他尊重我的选择。妈妈要帮我交钱上东湖师大附中，我不同意，我决定还是在东湖大学附中读高中。这里的环境和老师我都比较喜欢。我现在早晨背一小时英语单词，上午踢半天足球，下午在学校游泳馆游泳，晚上在家自学高中物理和数学。这次中考我的物理考得不好。”

“在哪里上高中，你们一旦决定了就没有必要再犹豫，要尽快适应新的学习环境，利用暑假作一些必要的准备。我觉得天天的方法是最好的。卓凡和宇辰你们可以回家进一步与爸爸妈妈商量一下，争取做通他们的思想工作，不要让他们把你们的暑期生活搞得又累又不快乐又没有收效。”

听完他们的讲述后，我给他们建议：优秀成绩不是靠课外补习获得的。

虽然我给三个学生讲的建议具体明了，但是我知道，卓凡和宇辰的家长是不太可能听我的这些建议的。因为现在的一些家长，认为自己受过高等教育，有一些还是从事教育工作的，自己懂教育，不会轻易接受别人的观点。

从珞珈山上下来后，我们跑到学校的足球场上，踢了两个多小时的足球。后来我说：“同学们，我实在跑不动了。”他们才恋恋不舍地在炎炎烈日下，与我挥手告别。

卓凡对我说：“校长，我今天很开心。”

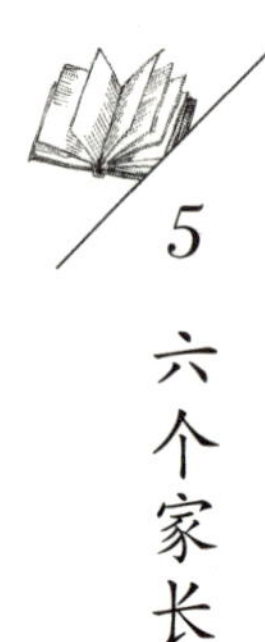

5 六个家长

那天从足球场离开之后，我一直担心卓凡、宇辰会不会与家长产生矛盾冲突。

我找到他们初中时期的班主任和科任教师，了解他们父母的教育背景、工作情况，以及他们的父母在他们初中时期，配合学校教育的一些情况。

我了解到，卓凡的爸爸是一名律师，东湖大学法学院硕士毕业。他对儿子要求很严，平时对儿子训斥较多，时不时到学校了解儿子的学习情况。只要儿子哪一科成绩差了一点，就要老师补课，还喜欢干预学校对儿子所在班级的教师安排，有时还跑到分管初中教学的副校长那里，用其做律师的一套说辞，与初中教学副校长理论。他做这些事的目的只有一个，就是要儿子的成绩能够永远保持全年级第一名。

卓凡的妈妈是东湖市电视台的一名主持人，说话细言细语，人长得特漂亮，穿着也很时尚。她到学校来找老师的时候不多。偶尔来一下，会成为初中教学楼走廊上的一道风景，引来众多老师和同学们的目光。据说她现在最骄傲的就是她的儿子，因为儿子的成绩在初中阶段一直稳居学校全年级前三名。可能是电视主持行业“总有新人胜旧人”的原因，她已经没有了当初入行时的鲜亮，目前在主持一个收视率不是很高的情感谈话节目。每次到学校来，她都要请卓凡的老师吃饭，在饭桌上与老师们讨论卓凡的学习情况，话语间流露出卓凡的成才是她现在唯一的追求和希望，个人的事业她已经不怎么在乎了。每天上完班，就是照顾好卓凡的生活，督促卓凡完成功课，帮助卓凡联系各种补习班，以期提高儿子的考试成绩。儿子的考试成绩，成了她现在生命的意义之所在。

宇辰的爸爸是我的同事，是东湖大学附中的总务主任兼体育教师。他平时不怎么管儿子。宇辰在他的眼皮底下读书，学习一直比较用功，成绩也不错。他对儿子没有什么过高的要求，他想让儿子在东大附中读高中。但因为老婆坚决反对，所以他也没辙，只能妇唱夫随。在他们家里，老婆永远是一把手。

宇辰的妈妈是一家上市公司的财务副总，与宇辰爸爸是大学同学，也是学体育出身，但后来没有从事与体育相关的工作，而是去了企业。她从办公室文员干起，在职攻读了工商管理硕士，成为东湖市一家光电子企业的管理层领导。她说话办事风风火火，家里家外喜欢自己说了算。听同事讲，他们夫妻结婚的最初几年，两个搞体育出身的人，经常在家里为一些鸡毛蒜皮的事挥拳动脚。学校领导经常找他们做思想工作。虽然两口子打架闹矛盾不一定非得领导去管，但因为他们那时住在校园里，在师生面前打打闹闹还是影响不好。后来，宇辰的爸爸做了学校中层干部，两口子也磨合得差不多了，就干脆“缴械投降”了，家里的一切都由老婆说了算。这个家也就“和谐”了。听宇辰的班主任讲，宇辰的妈妈是希望宇辰考东湖师大附中的，即使考不上也要花钱进去。由于在这个问题上宇辰与爸爸同时站在了“反方”的立场，最后她不得不妥协，让宇辰读东湖实验中学。

比起卓凡和宇辰，天天从小生活在一个比较宽松的成长环境之中。天天的爸爸是东湖大学光电子专业的博士生导师，妈妈是东湖大学外语学院负责教学业务的副院长。他们夫妻俩都是从海外留学归来，对儿子在学习成绩方面有一定的要求，但并不一定要儿子总是考前几名。他们允许儿子有自己的爱好，给儿子自由的成长空间。不过这种爱好和自由也是有一定限度的。听天天的班主任讲，他妈妈在他刚入学的时候，就把家里对天天的“约法三章”交给老师，希望配合学校教育天天，让他将来成为对社会对家庭有用的人才。那些“约法”主要是对天天行为习惯、品德修养、学习方法方面的要求，对学习成绩的要求并不高，只要求在中等以上就行。

掌握了这些情况之后，我初步断定，要想让卓凡和宇辰的爸爸妈妈不给儿子进行那些没有用的补课是不大可能的。

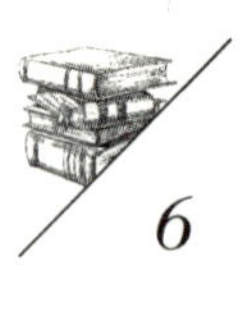

6 离家出走了吗？

每年 8 月是学校放假的日子，但作为中学校长，我不可能有完整的暑假休息时间。这个时候学校要招生，要对中层以上干部进行培训。新课改年级的老师要进行业务学习。还有校舍及设施维修等工作，都要利用假期来完成。

大约是 8 月中旬的一天，我早晨来到学校时，卓凡的妈妈在校门口等我。我与她打招呼，问她放假到学校有什么事，我告诉她老师们今天都不在学校。她说她不是来找老师的，是来找我的。我说卓凡不是已经决定上东湖师大附中了吗？找我有什么事？

东湖市的8月，是一个火辣辣的时节。我们学校的校园里，有几排生长了几十年的樟树。樟树的树冠很大，一年四季都是绿的。所以在东湖市这座火辣辣的城市里，我们校园里总有一片阴凉。

我对卓凡妈妈说："办公室里温度太高，我们就在这树底下谈好不好？"

卓凡妈妈还没开口，眼圈就红了。她说："卓凡已经有两天没有去老师那里补课，不知到哪里去了！他在家里经常提到您，表达观点时，总是说我们校长是怎么说的，我找您是想问您知不知道他的下落。"

"卓凡离家出走了？"我问。

"是的。他要读东大附中，我们不让，希望他还是去读东湖师大附中。他不愿意补课。我们担心他到东湖师大附中后，比不上那些从全省其他地方来的同学，想让他先学一步，我们强迫他去补课。前天老师给我打电话，说他没有去上课。这两天我们能找的地方都找了，还是没有找到，不知道他到哪儿去了。"

凭我对卓凡的了解，卓凡不一定是离家出走了。也许是有意与父母赌气，因为他想做的事父母都不同意，他不愿做的，父母却强迫他去做。一个初三的学生，毕竟还是一个孩子。他没有能力反抗父母为他作出的决定，只能以这种方式来表达自己的不满。他这种行为也是一种无奈之举。过几天就是我们珞珈山课堂的时间，我相信卓凡会在那个时候，去珞珈山上的。上次珞珈山课堂后打完球，卓凡与我告别时那开心的样子让我感觉到，卓凡并不是一个性格内向的孩子，他挥手时的那句“校长，我今天很开心”，应该表现了他对我的一种喜欢和信赖。假如说他有什么很大的决定，我相信他会打电话告诉我的。

想到这里，我对卓凡的妈妈说：“你们不要担心，卓凡不会有什么事情的，过几天他自己会回来的。”

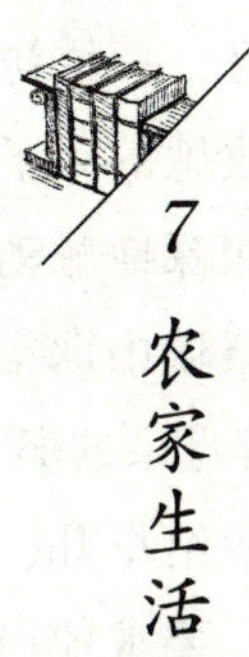

7 农家生活

卓凡的妈妈一边擦着眼泪，一边走出了校园。望着这个曾经有过很火红年华和事业的中年女人远去的背影，我情不自禁地感慨：中国有多少父母，对自己的子女充满期望，尤其是那些自己没有一个好的命运，没有自己开心的事业，没有自己人生追求的家长，他们把自己生命的意义全部寄托在自己的儿女身上，想让儿女去实现自己年轻的时候没有实现的梦想与追求。他们的这种想法和行为，有些人是自觉的，有些人可能是不自觉的，他们愿意倾其家庭全部的财力和自己的一切精力，让学生选择优质学校读书，帮孩子提高学习成绩。不管他们的具体做法正确与否，有一点是应该肯定的，他们的出发点是没有错的，愿望是好的，他们在儿女身上的付出是让人感动和敬佩的。这一点，我一定要让我的学生理解，否则他们就很难与父母交流和沟通。

我联想到了前几个月，一位初三毕业生的家长在我办公室哭求，让我接收她的儿子到我们学校读高中的情景。这两件事情，深深地触动了我。我立即来到办公室，写下了我本月珞珈山课堂给卓凡、宇辰和天天的建议内容：不要破碎母亲的那个梦。

这次珞珈山课堂，我给卓凡、宇辰和天天一人发了一个天蓝色的日记本，要求他们在高中三年的时光里，用日记本记录自己成长的历程，写下自己的心灵话语。虽然现在电脑、网络等记录形式都非常便捷，但我还是建议他们采用这种传统的方式。

卓凡在接过我递过去的日记本时，主动告诉我：他非常厌烦爸爸妈妈强迫他补习功课。前几天自己一个人跑到东湖市近郊农村，在一个菜农家里吃住了几天。他帮人家干农活，与菜农的儿子一块玩耍。那一家人让他免费吃住，还欢迎他随时到他们家里去玩。他过了几天从来没有过的开心的日子。

我说："不管干什么，都应该告诉爸爸妈妈一声，以免他们担心。"

"告诉了他们，他们就不让我去了。"卓凡说："我从农村回家之后，被爸爸劈头盖脸地骂了一通。妈妈也骂我没有良心。我现在就想学校早点开学，住到学校里去，免得他们一天到晚在我面前啰嗦。"

天天说："我这个假期就是像上次告诉校长的那样

过来的。这个月爸爸妈妈也放了假，他们每天下午都陪我游泳。我有时也上网看看新闻，聊聊天。爸妈也不干涉我，我还比较自在。”

宇辰告诉我：他按爸爸妈妈的要求，狂补了一个月的课。说是补课，其实补习班的老师讲的都是高一新课，就像没有放假一样。只不过不是在学校上课，而是在社会上的培训机构上课。

我告诉三个学生：“不管你们的爸爸妈妈用什么方法来教育你们，你们一定要理解他们的良苦用心。天下父母没有哪一个不是为了儿女好的。只是每个学生的爸妈的教育方式不同而已。你们要尽可能地站在爸爸妈妈的角度来想一想。”

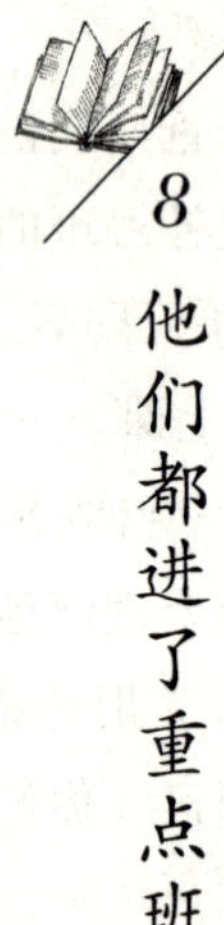

8 他们都进了重点班

几天之后，卓凡到东湖师范大学附属中学读高中去了。东湖师大附中在东湖市的新城区，卓凡家离学校有十几公里路，自然住校。

宇辰也如期到东湖实验中学报到上课。实验中学离珞珈山也有十几公里路，宇辰从家到学校要转好几次车。他妈妈有钱，在学校附近租了一套房子。全家人在那里临时安了一个家。在中国，不管你是上市公司老总，还是打工阶层，儿子是家里的“中心”，一切都必须围绕这个“中心”转。有条件的家庭，儿子到哪里，父母就把家安在哪里。没有条件的家庭，儿子到哪里，父母的电话就打到哪里，短信就发到哪里。总之，有钱的天天盯着，没钱的天天牵挂着。

天天继续在东湖大学附属中学上高中。学校就在大学校园里，离家就一条马路之隔。早晨 7:30 到校，他 7:00 起床都来得及，跟住学生宿舍没有多大的区别。

开学之后，三个学校都进行了分班考试，宇辰和天天考进了学校的理科重点班。卓凡的成绩虽然是三人之中最好的，但是，东湖师大附中高手云集，同学是全省各地的中考尖子生，所以卓凡被分到了理科平行班。卓凡的分班结果让他的爸爸妈妈都接受不了。他们托关系，找后门，都没有解决问题。后来，卓凡的妈妈在学校找人时，碰到她年轻时候主持文艺节目时的一个铁杆粉丝，这位铁杆粉丝正好是卓凡这个年级重点班的班主任。寒暄之后，得知卓凡在这个年级读高一，这位老师非常痛快地答应收卓凡进重点班。这样，卓凡的爸爸妈妈才如愿以偿地把卓凡送进了重点班。

卓凡很不情愿地从普通班转到重点班。在他看来，读普通班没有什么不好的，东湖师大附中的普通班也不是谁想进就能进的。每年东湖市近 10 万名初中毕业生，只有前 1000 名才能考进东湖师大附中。他在普通班也是有一种成就感的。相反，现在他凭妈妈的关系转进重点班，总觉得同学们在用一种异样的眼光看着他，让他觉得不自在，尽管没有一个同学当着他的面有这样的表述和暗示。

对于学校和家长追求的“重点班”之风，我是反对的。我觉得，同样是一个学校的学生，分出重点班和普通班，有的还再分出一个次重点班，这对一部分学生的心理健康是有影响的，不利于学生的成长。再说，分出那么多类型的班，对班主任和科任教师的考评也带来了一定的难度。同样是学校的老师，有的带重点班，有的带次重点班，有的带普通班，就不好在同一个平面上考评。老师花费同样的时间和精力，不同层次的班教出的学生成绩是不同的。这对多数老师是不公平的，对学生也同样不公平。

虽然反对，但我还是在学校分了重点班和普通班。一是我的想法得不到学校其他领导的支持，也得不到那些成绩好一点的学生家长的支持。他们说如果东湖大学附中不分重点班，就把学生送到其他学校的重点班。这样我们学校的优秀学生就会流失。二是我的学生还是要参加高考，不管我的教育理念有多好，也不能不考虑学生和学校的高考成绩。按学生的成绩好坏分班，对于学校分类组织教学，因材施教，最大限度地提高学生的高考成绩还是有用的。

不过，我们学校重点班与普通班的区别，不仅仅是学生成绩好坏之别。我们在教学组织和学生学习方面都是有区别的。这种区别不是重视重点，忽视普通，而是两者同样重视。区别在于分类指导学生，提出不同的目标要求，鼓励和帮助每一个学生在现有成绩的基础上，取得自己最理想的成绩。

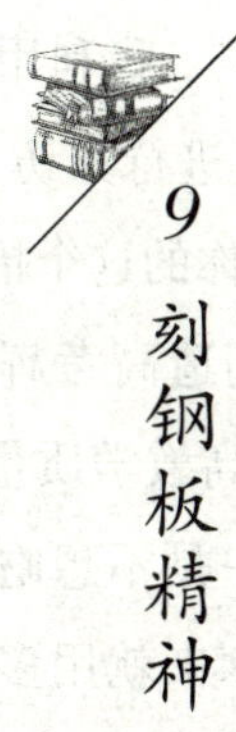

9 刻钢板精神

我实施这种分层次管理理念所采取的第一个措施，就是取消各年级统一为学生购买的复习资料和同步练习，改为由每一个老师自己编印同步练习和复习资料。每个老师要多少资料由学校出钱购买，多少种不限，一种只能买一份。老师利用自己购买的资料，编印出适合本班学生的同步练习和复习资料发给学生。这样做的目的，一是成绩不同的学生进行不同的练习和复习，具有比较强的针对性。二是原来统一订的资料每门功课都是一厚本，学生根本做不完，也不知怎么做，跳进题海之后跳不出来。让学生跳出题海的唯一办法，就是让老师跳进题海。老师把那些适合本班学生的东西消化吸收之后，再教给学生。这样可以为学生节省大量时间。

我的决定一出，在学校老师中炸开了锅。老师们找各种理由反对我的决定。我利用几个晚上，到学校几位德高望重的老师家里进行家访，倾听他们的想法。他们告诉我说："校长，你的这个措施，倡导的就是东大附中20世纪80年代创造高考辉煌时候的'刻钢版精神'，是抓到了学校提高教学质量的点子上。有些老师不愿意自己编资料，一是不想吃苦，自编资料要花费很多心血，买的资料拿来就用多省事。二是买资料有60%以上的回扣，年级可以给老师分不少钱，自编资料就没有了。但是，这些话是不能拿到桌面上讲的。所以，有些老师只能找各种其他理由来反对。你千万不能听他们的，要坚持自己正确的决定。"

那几天晚上，我从这些老师家里出来的时候，感慨良多。同样是学校的老师，有的是真正为了学生，也为了学校的发展。而有的老师却把心思用在任务少一点、压力小一点、钱发多一点这样的"三个一点"上。我不知道是从什么时候开始，企业给钱就干活的"行规"渗透到学校里来了。记得我第一次召开教职工大会的时候，分管财务的副校长问我准备发多少钱，我反问他发什么钱，他说开会发钱呀！我说开会不是很正常的工作吗？他说不发钱就有很多人不来开会。这是我参加工作以来第一次听说开会还要发钱的。以前在学校教书时没有过，后来到了机关工作更是没有过。我告诉财务副校长，开会不发钱。只要我做校长，就是这个规矩。学校不差这一点钱，但学校不能形成这样的风气！

这是另外的话题了。得到了老教师们的支持，我马上在学校召开各年级教研组长和备课组长会议，宣布从现在开始，以备课组为单位，高中一、二年级由老师编印同步训练。高三年级由老师编印第一轮复习资料。学生当天训练和复习的内容，由老师当堂发给学生。与此同时，取消以各种理由给学生购买资料。我说："作为老师，我们比谁都清楚，大家走进教室时就可以看到，学生课桌上堆的资料都高过了学生人头。每一科都是几百页厚的练习题，学生怎么能分得清哪些该做，哪些不该做？如果每门课都从头做到尾，他们做得完吗？再说，同样的一本资料，东湖师大附中的重点班在使用，我们学校的平行班也在使用，这两种班的学生成绩是有很大差别的，使用同样的资料合适吗？放之四海而皆准的资料，就不可能是好资料。我们一定要编印出适量的，适合我们不同班使用的资料。我们要发扬我们学校 20 世纪 80 年代的'刻钢版精神'，把学生从资料堆里，从题海中解脱出来。"

这是我 9 月在学校采取的一个重大措施，分管教学的副校长担心我这个决定会在学校投下一颗重型炸弹，将产生强烈的反响。事实上，绝大多数老师还是赞成这样做的。因为这毕竟是按规律、按规矩做的，不是瞎胡闹。全校只有一个年轻的化学老师，背着学校为他的班里的学生统一购买了几本资料，被学生举报到我这里后，我马上开会，取消了这名老师一年的做班主任的资格。此后，就不再有人敢这样做了。

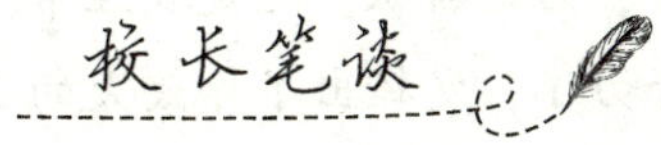

怀揣青春的梦想再出发

中学校园里的9月，总是让人欣喜让人愁的日子。喜也好，愁也罢，无论过去的一个学年给了我们什么样的人生感受，今天，我们都要面对现实，怀揣青春的梦想，再出发。

再出发，我们要明白自己站在一个什么样的起点。特别是对于初一、高一的新同学来说，无论你是主动选择，还是被动接受，甚至是无可奈何地走进我们的校园，你都没有理由在这样一个新的起点上犹豫徘徊。否则，会有很多人在你的身边完成他们的超越，会有很多事让你在夏去秋来，冬去春回的时刻叹息。

再出发，我们要坚定地怀揣着一份小小的梦想。对于中学生的我们而言，经国持家，这应该是我们未来好些年之后的事情，是较远，较大的梦想。目前我们的梦想还是应该把养成良好的习惯、性格、修养，形成自己独特的学习方法，努力提高自己的学习能力放在首位来考虑。我们的梦想不一定都是重点线，都是600分。假如你现在的成绩是200分，那么，300分就应该成为你的梦想。我和你的老师们同样会像为那些有600分梦想的学生一样，为你骄傲。还是我经常讲到的那一句话：只要你努力了，发挥出了你最大的学习潜能，你考多少分我都为你骄傲。

再出发，我们要抛掉那些影响乃至阻碍我们前行的各种羁绊。在我们前行的途中，有顺风顺水，有花香鸟语。更多的，可能是浮躁的喧嚣，是世俗的无聊，是游戏与动漫的诱惑，是一些新奇的刺激。这些羁绊我们前行的东西，如果处理不好，我们很难实现自己的梦想。

再出发，我们一定要用行动来诠释“勤勉”二字的内涵。在中国，每年有近千万的高中生挤在高考的独木桥上。在武汉，每年只有45%的初中毕业生能够读公办普通高中。稍微有一点理性思维能力的学生，听到这两个数字，就会明白，为什么你的父母总是要送你上一个又一个的培优班，总是想尽各种办法，让你读一所理想的初中和高中学校。其实，在这方面，父母亲还真帮不上你，只有你自己能帮你自己。你的成绩不是因父母为你择校选班就会优秀，只能靠你自身的勤奋努力。我始终认为，现在的中学生，智力水平虽然有一些差距，但绝大多数人都拥有掌握中学课本80%以上知识的学习能力。有一部分成绩不理想的学生，因为一个字：懒。今天是我们再出发的日子，我希望，如果我们学校真有这样的学生，那么从今天起你就要像删除手机里不想看到的信息一样，把这个字从你的行为习惯里彻底删除。

再出发，我们要变得更守纪律。今年上半年，德国一所学校的老师送给我一本书《守纪律的孩子更优秀》，书里面的一些观点我非常认同。这本书的作者是一位70多岁的退休老校长，他在校长岗位上干了42年，一生只写了这么一本书，是在他退休以后完成的，可以说是他毕生教育思想的总结。他在书中用许多事例来证明守纪律的孩子更优秀。我曾经在我们学校的一个场合讲到俄罗斯总统普京高中毕业考试穿正装的故事。普京大学毕业时，苏联情报机关到他们学校挑选情报人员，在查普京的档案时，挑选者眼前一亮。据档案记载，普京高中毕业时，是全校唯一一位在6月的夏季毕业考试时穿三件套正装的学生。估计在当时的苏联，也恐怕只有普京一人这样做了。挑选者把普京叫来问他为什么这样做，普京回答说，学生守则上写着毕业考试穿正装。这样，普京进了苏联情报机关。在苏联解体后，他成为化解俄罗斯国内外矛盾的铁腕总统。守纪律的事有大事，但更多的是小事。我真诚地奉劝每一位同学，千万不要把迟到、早退、旷课不当一回事，千万不要把考试收发短信、偷看他人试卷不当一回事，千万不要把随手扔垃圾不当一回事，千万不要把见面打招呼、点头微笑、把“对不起、谢谢”这些基本的礼貌用语不当一回事。如果你把这些小事不当一回事，时间久了，它会成为你的习惯，成为你的修养，成为你的品格。一旦这样的品格定格在你的身上，你就会成为一个不守纪律的人，成为一个不高雅的人。这样的人即使取得了学业上的好成绩，也是一个让人瞧不起的人。

再出发，我们还要约上几位值得交往的同伴一路前行。与人交往，就像阅读一本书。值得交往的人，我们就与他成为很好、很长久的朋友。值得一读的书，我们就认真地读一读，而且久读不厌。不值得交往的人，他仅仅只是我们生命里程中的某一段过往，时间过了也就忘掉了。不值得读的书，我们翻一翻也许就扔掉了。我们从小到大的成长过程中，不知要忘掉多少这样的人，也不知要扔掉多少这样的书。在一次又一次地认识与忘记、品读与摒弃的过程中，我们在成长、成熟、进步，成为超越同行者的优秀之人。

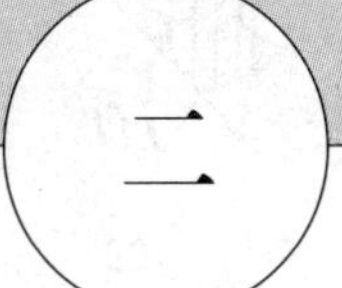

二

小时候，我喜欢坐在窗边，看天上的云一朵一朵地随风飘过。那是一段多么美好的时光。一个人就那样呆呆地坐着，托着下巴，心随着云朵在蓝天上飘荡。

现在在校园里，一天天总是那样匆匆忙忙。再也没有时间，也没有心情像小时候那样，静静地看天，静静地发呆，静静地什么都不想。

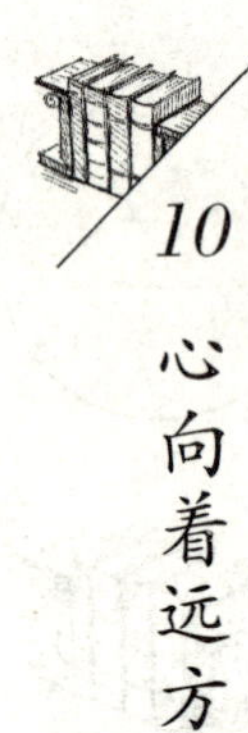

10 心向着远方

每年 9 月，对于一个中学校长而言，时间过得是最快的。开学的工作报告好像还没有过去几天，就又到月底了。我这时候思考着，如何在这一个月给我的三个珞珈山讨论问题的学生提一点好的建议，让他们尽快顺利地开始自己的高中生活。我已经知道他们都进了学校的重点班。目前我比较担心的是卓凡。虽然三个学生中，他的中考成绩最好，但是，他父母对他的期望值也最大，对他成长过程中教育的“痕迹”也最明显。这种“痕迹”对卓凡的成长是有益的，还是有害的？我现在确实还不好说，毕竟他们的出发点都是好的。

珞珈山的一年四季都是那么美。9 月的珞珈山，山上比山下凉爽许多。登上山顶，远望碧波浩渺的东湖之水，我的心胸似乎也随着这万顷碧浪变得开阔起来。今天是星期日，是我与三个学生的路珈山课堂时间。三个学生很守时，到得都比我早。学校已经开学了，他们的功课的压力也比较大了。我到的时候，他们各自靠着山上的大枫树背英语单词，看见我来了，就都向我围拢过来。

这次是天天先开口。他说："校长，你好酷哦！那天你在开学典礼上讲完你的人生梦想，我们好多同学都把你当成偶像了。特别是我们班里那些家庭条件不是很好的同学，都表示要像你一样，为自己的梦想奋斗。你没有看校园网上的论坛吗？大家在网上讨论得可热闹了。"

"是吗？我听老师们讲过一点，但是我不太喜欢看网络上的评论。那上面什么观点都有，有时候看了会影响人的情绪和决策思维的理性。所以我很少光顾那里。"我听完天天的话之后，解释道。

卓凡和宇辰听了天天的讲述也来了兴趣。他们说，开学典礼上校长讲话他们基本是不听的。校长无非是讲学校又取得了什么高考成绩，希望同学们加倍努力等，没有新意，从小学到高中听了多少遍了，特没劲！

天天对卓凡和宇辰说："这是我上学以来听到的最精彩的开学典礼讲话。真实，没有空话，能打动学生的心。"

卓凡和宇辰的情绪被天天调动起来了。他们齐声说："校长，我们要你在路珈山上专门为我们召开一次三个学生的开学典礼。我们要听你的讲话。"

我的这三个学生太可爱了。

本来我这次路珈山课堂给他们准备的建议是：重点班能孕育神奇，也能扼杀自信。现在让天天这么一"忽悠"，卓凡和宇辰一来劲，我就不好让他们失望了。但是，我觉得，他们这一段时间在学校里最重要的，还是要尽快适应在重点班里的学习生活。否则在起步阶段出了问题，哪怕只是心理上的一点点问题，都会对他们三年高中生活有影响。

于是，我说："我可以给你们在这里举行一次开学典礼，但是你们要满足我一个要求，你们要把这一个月来在班里学习的心理状态如实地告诉我。"

卓凡和宇辰抢着发言。我对卓凡有些担心，所以让卓凡先说。

卓凡说："我现在的成绩是重点班的最后一名。我们班几乎是全省各地的中考状元班。学生一个个都是做题高手，老师布置的卷子一发下来，好多同学呼啦一下就完成了。我从小学到现在还没有在这样的班里学习过，现在我的压力好大。原来都是别人敬佩我的，现在是我敬佩周围的同学。在班里，我的数学成绩还算可以，其他成绩基本是最后。我要到普通班，妈妈死活不让。"

宇辰说："我在重点班里的成绩居中等。学习压力不是很大，有一些动力，就是想成为前十名，这也是妈妈对我的要求。当然，我自己也想成绩好一点。”

天天告诉我：“我在东大附中的重点班里，学习没有压力，名次在十名左右。老师为我们全班学生都拟定了一个目标计划，我的目标是清华大学，不过说不定将来会有变化。我现在的成绩离这个目标有一些距离，但我和爸爸妈妈都没有什么压力。一是还有许多时间努力。二是我和爸爸妈妈一起商定了第二目标，就是过一本线就可以了。我现在的成绩过一本线应该问题不大。”

听了他们三个人的情况，我对他们说：“现在有一个学习成绩的目标是应该的，目标定得高一点也是可以的。但你们在重点班里一定要清楚，重点班是藏龙卧虎之地，有很多奇才怪才。你不要想什么都超过别人，也不要看到一两次考试成绩比别人差，就认为自己什么都不如别人。你们三个人一定要给自己一个正确的定位。你们不能骄傲。从现在的成绩来看，你们都没有可以骄傲的资本。你们同样不能失去自信。这是你们三个人目前最应注意的。自信心往往是在不知不觉中慢慢地被扼杀掉的。当有一天你们没有了自信心的时候，你们还不知道。这时候对你们来讲，一切都晚了。你们不光会对学习失去信心，有可能对生活、对生命都失去信心。如果到了这样的地步，那就谁也救不了你们了。”

听到这里，三个可爱的学生都频频点头称是。

卓凡说：“校长，快点开始我们的开学典礼吧。我来做主持人。”他一边说，一边组织宇辰、天天在我面前一字儿排开站着。他站在中间，大声说：“珞珈山课堂开学典礼现在开始，下面请校长讲话。”他说完摇晃了一下自己的头，朝我做了一个鬼脸，宇辰、天天和我都被他逗乐了。

我正对着三个学生，把我在东湖大学附中开学典礼上的讲话给他们讲了一遍，也算是我给他们的建议：做一个有梦想的人。

我讲完之后，三个学生意犹未尽，目光紧紧地盯着我。好半天我都不再说下一句话，他们才回过神来，猛烈地鼓掌欢呼。

天天带头喊着：“校长，我们爱你！”

卓凡、宇辰也跟着一起对着东湖大声喊着：

“校长，我们爱你！”

这就是现如今的学生，他们敢爱敢恨。哪怕面对严肃的校长，他们可以勇敢地喊出自己心底的声音。

他们的喊声惊飞了东湖水面上的野鸭，几只小野鸭扑腾起来，打着水漂，飞向远方。

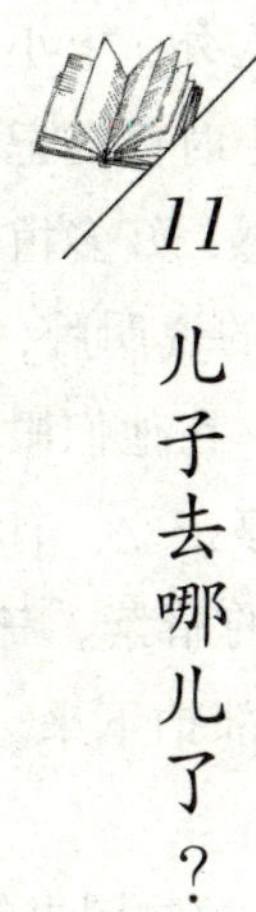

11 儿子去哪儿了？

在珞珈山上听完我的讲话之后，卓凡并没有回家，而是与宇辰和天天去了东湖植物园。植物园里有好多参天大树，有不同品种的竹林，有千姿百态的荷花，自然也有各种各样的鸟群。在繁华的都市，能够在东湖边上拥有一个几千亩的植物园，不能不说是东湖市民的一种奢侈。

宇辰和天天都发短信告知妈妈，他们几个同学在植物园里玩。卓凡把手机关了，他不想与妈妈联系。因为如果联系上了，她准要他回家做作业，所以他索性不告知妈妈。只有这样，他才可以痛痛快快地在外面玩半天。

植物园虽然离他们三人的家很近，但除了小时候爸爸妈妈带他们来过几次外，上小学四年级以后他们三人就都没有来过了。小时候的记忆已经不那么深刻了。他们一路充满好奇感，好多植物他们都叫不出名字，必须看植物旁树立的说明牌，才知道这是什么，那是什么。同样的荷花，在他们眼里，姿态和颜色各不相同。有的在水中亭亭玉立，有的卧躺在水中，有的洁白，有的粉红，有的暗紫。三个同学拿出手机，把他们想记录的植物全部拍下来。在有些植物旁边，他们也相互留影拍照。

三个人逛累了，就在植物园里的条凳上坐下休息。他们说说笑笑，好不开心。半天时间一晃就这样过去了。因为周日晚上学校还有晚自习，所以，三人在晚饭前各自回了自己的家，准备吃完晚饭之后回学校上自习。

卓凡回家的时候，妈妈已经将饭菜准备好，她早就在自家的阳台上向外张望，期盼卓凡早点回家吃饭。卓凡进屋的时候，爸爸在客厅里看电视，阴沉着脸。卓凡叫了一声爸，他没有答应，也没有开腔问话。三个人默不作声地在客厅吃完饭。卓凡进自己的房间拿起书包，打算自己乘公交车去学校。他妈妈朝他爸爸使了一个眼色，想让他爸爸开车去送一下，但是卓凡爸爸没有理会，照样吃饭，装作没看见。卓凡妈妈无奈之下只好自己拿起手包和车钥匙，换鞋出门，下楼开车送卓凡到学校上自习。

一路上，卓凡妈妈只说了一句话："你就不能告诉妈妈一声你今天到哪里去了吗？"卓凡没有回答，妈妈也没有再问。

卓凡在校门口下了车以后，卓凡的妈妈开车往回走，在十字路口打了一个转又返回学校。之所以这样，是因为她不想让卓凡看见她进校园。卓凡给她规定，不准她找老师了解他的学习情况，否则他就不上学了。可是，卓凡越这样，妈妈就越担心，就越要找老师了解他在学校里的学习生活状况。

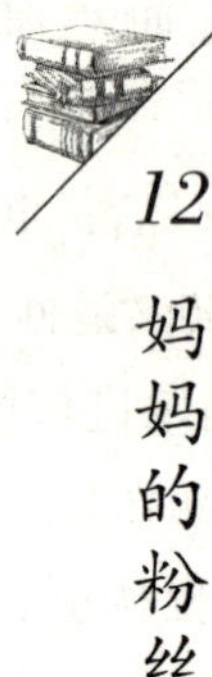

12 妈妈的粉丝

卓凡的妈妈在校园大门口的路边停下车，走进校园去找卓凡的班主任杨老师。杨老师教卓凡的数学课，卓凡的妈妈虽然与杨老师萍水相逢，但因为杨老师年轻的时候喜欢看卓凡的妈妈主持的文艺节目，两人就一见如故。他们本来从来没有打过交道，现在因为卓凡的教育，一个是母亲，一个是班主任兼数学老师，倒是有了共同的话题。开学以来，卓凡的妈妈与杨老师只见过两次面，一次是在校园里偶然碰到的，杨老师帮忙让卓凡进了重点班。再一次是卓凡妈妈给卓凡送东西，到杨老师办公室了解了一下卓凡在班里的学习情况。尽管只有两次见面，但是卓凡的妈妈觉得，杨老师是一位不错的数学老师，也是一位不错的班主任。杨老师告诉她："其实卓凡并不适合在重点班学习，他自尊心和上进心都很强，心里不能容忍自己的学习成绩不如别的同学。卓凡已经很努力了，但是除了数学，其他成绩与同班同学还是有一些差距。时间长了恐怕对卓凡的心理成长不利。"

卓凡的妈妈觉得杨老师的话讲到了自己的心坎上。卓凡进班的时间并不长，杨老师就能够比较准确地对卓凡作出判断。由此她很佩服杨老师。杨老师是省数学特级教师，也是奥数金牌教练。卓凡的妈妈把卓凡放在杨老师班里，还有一个想法是，卓凡从小数学成绩突出，她想让卓凡参加奥数培训和竞赛，拿到全国一等奖，获得保送北大清华的资格。这几年来，东湖师大附中获奥数奖的保送生，基本上是杨老师带出来的。杨老师身上还有一点是很让卓凡的妈妈感动的，就是热爱生活，充满激情。杨老师现在是四十七八岁的年纪了，谈起年轻时候对卓凡妈妈的崇拜，还像一个小伙子一样，甚至还记得她一二十年前的几句经典台词。他对自己的学生和对自己所从事的数学教学工作，总是充满自信。作为一个电视主持人，尤其是女性主持人，四十七八岁已经是秋日黄花了。卓凡的妈妈已经找不到年轻时做事业的那种感觉了。现在居然在儿子的学校遇到自己年轻时的粉丝，卓凡的妈妈心里有一种说不出来的特殊感受。

打电话把杨老师从办公室约出来，走在校园里，卓凡的妈妈好像有很多话，又不知道从哪里说起。要杨老师关照卓凡的话，上次已经说了。让卓凡参加奥林匹克数学竞赛训练，上次也说了。让其他老师在卓凡的学习上多指导一下，上次同样说了。卓凡的妈妈实在不知道该说什么，她头脑里一片空白。她觉得今天没有必要来找杨老师的，怎么不知不觉就来了呢？她顿时觉得在杨老师面前有点不自在。她偷偷地看了杨老师一眼，杨老师倒是很自然。杨老师与她开玩笑说："美女家长又送学生到学校来了？"

"是的，是的。我想顺便向您了解一下卓凡这段时间在班里的表现。"卓凡的妈妈赶忙接过话，神态一下子就自然了许多。

"肯吃苦，不服输。讨论问题时发言有一些偏激，数学成绩上升很快。"杨老师三言两语就把卓凡这一段时间在学校的表现刻画出来了。他接着说："我还有晚自习课，要不我下了自习再来跟您聊。"

"不聊了。我还是那两句话：一是感谢您，二是拜托您在卓凡身上多花一些精力。"卓凡妈妈对杨老师说。

杨老师朝教学楼走去。一抹夕阳的余晖映照在东湖师大附中美丽的校园。卓凡的妈妈一边朝校门外走，一边想卓凡这一代人的中学时代是多么幸福啊！他们过着衣食无忧的生活，在这么美丽的校园读书，而他们还这不满意那不满意。想想自己的中学时代，与现在相比就差得远了。她在恢复高考制度的第三年，从家乡的小县城考进北京广播学院的时候，付出了多大的努力呀！那时候，她高中毕业被选拔进县人民广播电台做播音员，依然是农村户口，每月拿22元的临时工资。白天上班，夜晚复习备考。那时候县城里经常停电，每天夜晚都是点煤油灯看书学习，第二天起床洗脸时，两个鼻孔全是吸入的黑油烟。夏天的夜晚，为了防止蚊子叮咬，也为了降温，她将两只腿放进装满水的塑料桶里，坚持夜战。如果不是这样刻苦，她是上不了北广的，也不会成为电视节目主持人。

也许是年龄开始一天一天变老了，卓凡的妈妈现在总是喜欢想起自己年轻时候的一些往事。这样一路想着，慢慢开车回家了。

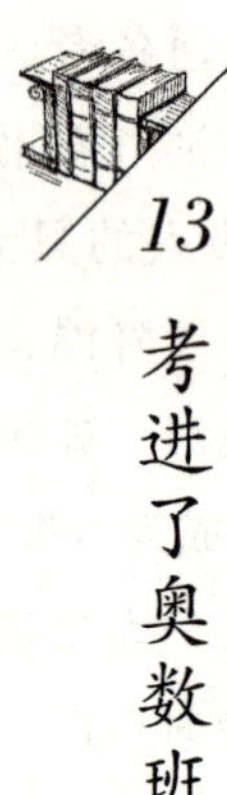

13 考进了奥数班

卓凡走进教室，今天的晚自习是他最喜欢的数学晚自习。他拿出奥数习题集，接着前一天所做的内容开始不声不响地做起练习来。班上的同学大部分到了，有的同学与他打招呼，他朝别人笑一笑，算是回应。卓凡现在憋足了劲，想要成为全班的“数学天王”，让他的同学们对他刮目相看。同学们都知道他是被照顾进这个班的，他要用自己的行动做给其他同学看，证明他是有资格进这个班的。

杨老师进来了，卓凡停下手里的练习题，双眼望着杨老师，期待着杨老师安排今天数学晚自习的内容。卓凡敬佩的老师不多，杨老师是其中之一。杨老师不但人好，对学生真的如同对自己的子女一样充满爱心。他还是一个数学天才，同学们课堂内外问他的一些古怪难题，几乎没有难倒过他。最重要的是，每年都有几名学生在他的训练下取得全国奥数竞赛优异成绩，还有的参加国际比赛获得金奖，因此杨老师在同学们口中被称为金牌教练。一个学生如果喜欢一个老师，他就自然喜欢这个老师所教的这门课，这门课的成绩自然就比其他学科要好得多。

卓凡就是这样。自从进了杨老师所带的重点班，卓凡的数学成绩进步很快。

自习课杨老师从来不讲课，他一般是安排学生复习和预习，或者让学生做他从各种资料上选编的同步训练题。这是杨老师与其他老师不同的地方，他总是把时间留给学生。自习的时候，他就坐在讲台上。学生在复习、预习和做习题的过程中，遇到什么问题，直接到讲台上向他请教，与他讨论。这实际上是在进行个别辅导。学生问的一些共性问题，他会叫学生停下手中的活，请一个学生上台，把问题产生的原因，以及与杨老师讨论的解决问题的办法讲给同学们听。这样的办法，让同学们对出现的问题有很深的印象，不至于犯同类的错误。

杨老师的这个办法，比许多老师的教学效果都好。很多中学老师抓到一节课就给学生满堂灌，生怕学生没有掌握，以为自己讲完了学生就掌握了。结果是老师讲完了，学生这个耳朵进了，那个耳朵出了。老师走出教室的时候，他所讲的知识也带出去了。

不过，用这个办法来辅导学生自习的老师，是要有过硬的本领的。东湖师大附中重点班的学生是从全省选拔来的学习成绩优异的尖子生，有些学生就是某一门学科的学习天才，有很强的悟性，他们接受本学科知识的速度和能力，有些教他们的老师都望尘莫及。他们会超越课本，涉猎一些更深的内容。如果不是在本学科很优秀的老师，就不敢像杨老师那样，心态平静地坐在讲台上等学生去发问。

杨老师今天安排的预习内容是函数的应用，卓凡早就预习过了，不仅预习了，而且暑假补课时卓凡在补习班里学过了，所以，卓凡继续埋头做奥数习题。听杨老师讲，学校在期中考试之后，就要组织奥数集训班，利用晚自习和周末时间，由杨老师和另外一名年轻老师负责给集训班里的学生进行数学培训。卓凡非常想进这个数学集训班。除数学班外，学校还有物理、化学、生物和计算机班，卓凡对那些学科没有兴趣。

自习开始没有多久，杨老师的讲台周围就围了五六名学生。奥数题目都比较刁钻，不能用常规的数学思维去解题。卓凡现在做的这个习题集，是杨老师推荐的，属于比较简单的入门的那一类。即便简单，卓凡也要费好大神才能完成一道题。他一般是每天晚自习后把当天做的习题交给杨老师，第二天中午放学时再到杨老师那里拿批改好的练习本。对于做错的题目，杨老师都会认真地把解题过程完整地写在旁边，不是简单地打个“×”，或是写上一个正确的结果。因此，卓凡感觉到，杨老师对他特别关心，他学好数学的劲头也就越来越足。

学校组织奥数班的时间提前到月底报名考试，没有以期中考试成绩为准，而是单独进行分学科考试选拔。卓凡如愿以偿地考进了奥数班。

天天虽然在我们学校就读高一，但是我也没有特别关照他。因为我们有约定：我们的珞珈山课堂不让老师、家长和其他同学知道，这样我们才可以在珞珈山上没有任何顾虑地畅所欲言。

快要到 10 月份我与三个学生约定的珞珈山课堂的时间了，我还没有准备好这个月给三个孩子提出一些什么建议。

自从当了中学校长后，我就觉得时间过得飞快。一天一周一月，好像什么事情都没有做很快就过完了。学校与机关完全不一样。学生、家长、老师、学校领导、社会单位等主体之间，同一主体内部，每天都在发生一些故事。这些故事有矛盾冲突，有的干戈玉帛，有的激动人心，有的忍无可忍，有的无可奈何。当然，更多的还是荡气回肠。几乎所有的故事要反映到校长这里来。有时候接待一个与故事有关的人，半天时间就过去了。我自己也主动决策和策划了不少故事。比如号召全校老师发扬“刻钢板精神”，用勤勉与智慧再创东大附中高考辉煌。而要让这个故事在学校精彩地演绎下去，我这个策划者要做许多幕前与幕后的工作。否则，这个故事要么在学校演绎不下去，要么与我提高教学质量的初衷背道而驰。好在这一些忙碌是我心甘情愿做的，所以也没有感觉到累，只是觉得时间不够用。

我开始准备下一次珞珈山课堂的讨论内容。

14 好老师，坏老师

10 月的珞珈山已经有了浓浓秋意。上山的小路上，法国梧桐的叶子已经落满一地，不过山上绿色依旧。每次上山，我都感叹东湖大学的创办者有多么独到的眼光，为东湖大学选了这么好的一块风水宝地。据说，100 多年前，东湖大学的创办者在全国各地选校址的时候，考察了许多地方，最后选定地处祖国大陆地理中心的东湖市郊外的东湖之滨珞珈山。更可贵的是，创办者们没有毁山造建筑，而是保留了珞珈山的所有植被，在珞珈山下依山环水建校。珞珈山成了大学校园内的一片自然保护区，山上所有的植被至今还是原生态的。在山下的校园内，有四条主干道。环湖路是东湖大学最长的主道，路两旁是参天的法国梧桐。樱园路通往学生宿舍，路两边是婀娜多姿的樱花树。每到樱花盛开的时节，路上赏花的人挤得水泄不通。枫叶路是连接大学的行政楼与各学院之间的干道，路两边是少则几十年，多则上百年的浓荫蔽日的枫树。通往教师生活区的干道叫香樟路，同样是大树参天，路两边全是四季常绿的樟树。除了这四条主干道，东湖大学的每一条路，哪怕是一条小径，都掩映在树林之中。再加上珞珈山与东湖水的湖光山色交相辉映，整个东湖大学一年四季风景如画。到过东湖大学的各界人士都赞叹，东湖大学校园是中国最美的大学校园，连清华北大在这方面都自叹不如。就连一些国外的访问学者到了珞珈山，也惊叹中国有如此美丽之大学校园。

我也一直从内心里敬佩并感谢东湖大学的创办者在美丽的珞珈山下，专门拿出一片地来办附属中学。据东大附中的校史记载，附中在大学创办的第二年就开办了。最初是借机械学院的一栋房子，后来机械学院扩大招生搬走了，这一片地就全部留给附属中学了。

从学校后门登上珞珈山只要几分钟的时间。这一次我是第一个上山的，三个学生都还没有来。我站在山顶，向东望去，太阳刚刚从东湖水面上升起来，波光粼粼的湖水被霞光染出一道红色的光芒，一群水鸟在湖水的上空飞翔。我情不自禁地唱起在北京工作时喜欢高唱的那一首歌唱北京的歌：灿烂的朝霞，升起在金色的北京，壮丽的乐曲，报道着祖国的黎明……

“校长早!”卓凡在我身后大声向我问好。

“卓凡早!”我回答道。

卓凡今天看上去很精神，手里依旧像上次一样拿着英语课本。这是我对他们的要求，我希望他们天天早晨都要背英语课文，记单词，不要有任何借口，一定要养成自觉的习惯，要把背课文记单词变成每天起床后像洗脸刷牙一样的自然行动。这样英语成绩就一定会不断提高。

“今天看样子有好消息告诉我哟!”我对卓凡说。

“您怎么知道我有好消息?”卓凡问我。不等我回答，他接着说:“我已经考进学校的奥数集训班了，是凭我自己的成绩考进去的。”他格外加上的后面这句话，我想是因为上次分班，他进重点班是被照顾进去的这件事，在他心里一定打下了很深的印记。

“那真要祝贺你了。我就相信你是不错的，我还相信你在奥数集训班里会取得好成绩。”我这样说，有一些鼓励的成分，更多的还是真心祝愿和信任。在三个学生中，卓凡是最聪明的，甚至可以说，他确实是数学方面的天才。

我们正说着，宇辰和天天一同上山来了。

“校长早!”他们向我打招呼。

“你们早!”我向他们问好。

“卓凡刚才告诉我，他考进奥数集训班了，你们两位有没有好消息告诉我?”我问宇辰和天天。

天天说："我没有好消息，也没有坏消息。这个月我们年级结合语文教材上所学的内容，搞了一次诗歌朗诵比赛，我得了一个二等奖。"

"这也是好消息。宇辰呢？"我听完天天的回答后，问宇辰。

宇辰一副愁眉苦脸的样子。他告诉我：这个月挨了班主任老师好几次批评，有时候被批评得莫名其妙。现在都有些后悔进这个重点班了，还不如到普通班里，也许能经常得到老师的表扬。现在在这个班里，总担心受批评，他不知道该怎么办，早就等待着这次珞珈山会面时向我请教了。

我知道，高一新生在目前这个阶段，老师与学生还没有走出磨合期，没有达到完全了解和充分沟通的状态。如果一个学生长时间适应不了一个老师的工作态度和教学方法，对于这个学生的成长是很不利的。而且，当前社会上有些不好的社会风气也吹进了校园，有一些老师确实也不能为人师表。这种状况对学生的负面影响更大。一个才上高中的学生如果碰到了这样的老师，别说学习成绩，他的个人修养、人生观、价值观都会受到不好的影响。这是我在学校管理中最看重的内容。

我问卓凡和天天。"你们遇到了不喜欢的老师没有？"

卓凡说："我的历史老师是一个快要退休的女老师，在课堂上总是喜欢发泄对社会对学校的一些不满情绪，动不动就吼我们。还好，我将来是准备学理科的，对她所教的课没有兴趣。她吼她的，我学我的，倒无所谓。”

天天说：“我们每个月都会对老师的教育教学情况进行一次测评打分，我们对老师的意见可以写在测评表上，学校政教处和教务处会把我们的意见集中之后反馈给老师。这个月我们班的物理老师在上课的时候发了一次脾气，说我们班的学生没有良心，他对我们那么好，我们都给他打了最低的分。其实我们给他打低分是因为他讲课时与数学老师一样，方言口音太重，一些学生听不清，就打了低分，其他方面他还不错。”

听完他们三人的介绍，我对他们说：“不要指望每一个老师都能为人师表。”这就是我今天给你们的建议。

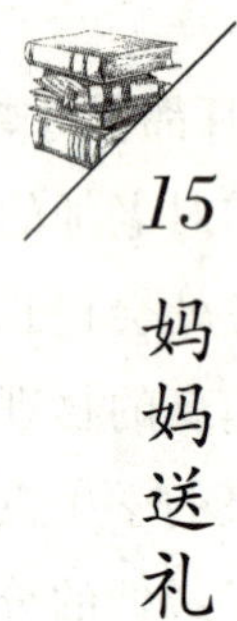

15 妈妈送礼

宇辰听了我的建议返回学校上课后的一段时间里，尽量主动适应他的班主任老师，也有了一定的效果，这一段时间受到的批评也少多了。

宇辰的班主任姓周，也是教数学的，是一位女老师。听说她先生是东湖市委哪一个部门的领导干部。她并不是学校公开招考进来的老师，而是随丈夫调进东湖市的。平心而论，她的教学业务能力也还算不错，要不然学校不会安排她当重点班的班主任，任重点班的数学老师。她的最大特点是两眼只盯着班里前几名的优秀学生，对其他学生动辄横加训斥，让人受不了。学生们都怕她，背地里叫她母老虎。她管班也还管得不错，好多调皮的学生怕她。

宇辰的妈妈在儿子刚上高中的头一个月，经常听儿子回家说今天又挨老师批评了。她问儿子老师为什么批评他，宇辰说也没有什么大事，就是站起来发言时声音不大，有时踩着上课铃声进教室，数学作业本上不整洁，乱改乱画较多，等等。宇辰的妈妈刚开始的时候认为，周老师对宇辰的批评是正确的，宇辰身上的这些小毛病是需要一个严厉的老师好好管一管。后来，听儿子说，同样的事情，周老师只批评他，不批评别的同学。还有，每次调座位，有几位同学总是被安排在前几排中间，而宇辰总是在后排，或在墙边。

宇辰的妈妈是上市公司的财务副总，自己的事业干得不错。不过，她与一般的事业成功女性的最大的不同是她既要事业，又要家庭。特别是儿子，她花费了很大的时间和心血来培养他。她不像那些家庭经济条件较好的母亲那样，只知道在物质上和学习条件上满足儿子的要求，而不关心儿子的修养、习惯、个人能力和学习方法等方面。因为她认为，自己的事业再成功，如果让儿子染上了那些“富二代”孩子身上的毛病，自己的晚年也无幸福可言。何况，她也算不上富一代，只不过家庭的经济条件高于东湖市的一般居民而已。所以，宇辰一上高中，她就毫不犹豫地在学校附近租了房子，全家人离开自己温暖宽敞的豪宅庭院，租住现在只有90平方米的公寓楼。自从儿子上高中之后，她还尽量减少出差时间，推掉一切可以推掉的应酬，回家陪儿子。虽然学校离他们租住的公寓只有几分钟的路程，但每天下晚自习的时候，她还是来到校门口接儿子回家。她是想用自己的行动告诉儿子，妈妈虽然忙，但儿子还是比工作重要。

每天在校门口接孩子的家长很多。去得早的时候，宇辰的妈妈就可以与儿子同学的家长们聊一聊教育孩子的话题。几次聊天之后，宇辰的妈妈隐约感到，宇辰的班主任是一个喜欢让家长请吃饭，喜欢接收家长送礼送红包的老师。有一次，一位家长愤怒地说："周老师总是让我的女儿坐最后一排，我找她理论，她居然说别的家长请老师们吃饭喝酒，我不照顾他们的孩子说不过去。下次我一定把你的女儿调到教室前面来坐。她的话虽然说得很好听，但这不明摆着是讨吃讨喝吗？后来调整座位时，她虽然把我女儿的座位调到前面了，可是调整之后说了一大堆挖苦讽刺的话，搞得我的女儿回家大哭了一场。我现在还在想办法为女儿转班，不想让女儿毁在这种老师手里。"

自从上次听了那位女孩家长的一番话之后，宇辰的妈妈回想宇辰在班里所受的批评，觉得儿子所受的委屈，可能是因为没有给周老师送礼和请老师们吃饭所致。送礼和吃饭对她来说，实在不值一提。她在心里想，自己在这方面确实大意了。她总是觉得，儿子是凭自己的成绩考进东湖实验中学重点班的，她没有必要求学校和老师给儿子什么照顾。按照她的本意，是想去求人帮忙，花一点钱让儿子进东湖师大附中的，因为东湖师大附中是全省最好的中学。她没有想到，社会上的请客送礼之风在学校也这样盛行。她几次试探性地问儿子，要不要转一个班，或者转到东湖师大附中去，儿子想都没有想就告诉她，不需要转班，也不必转校，他觉得在这里读书挺好的。他说周老师对他的批评也是有道理的，他以后会注意，尽量不让老师抓到把柄。

多么单纯，多么可爱的儿子！

宇辰的妈妈把儿子搂在怀里，说：“我相信我的儿子在哪里都是最棒的。”说这话的时候，宇辰的妈妈眼眶里一片湿润。她非常心疼儿子，怎么碰到了这样一位如此世俗的老师。儿子长得与她差不多高了，已经开始不好意思被妈妈搂着抱着，他挣脱妈妈的怀抱，说：“我不会给妈妈丢脸的。”

既然儿子不愿转班，宇辰的妈妈只有随波逐流地去学校请客送礼。请客送礼对于她这个在企业打拼的副总裁来讲，实在是小菜一碟。过去她不想这样做，是因为学校在她心目中一直是很圣洁的地方。再说，她也不想在儿子心里留下阴影。现在看来不这样做不行了。

她利用一个儿子不上晚自习的周末，请周老师和儿子的其他任课老师在东湖市最豪华的酒店吃了一顿饭。她在餐桌上向老师们了解了一些宇辰的学习情况，老师们都对宇辰夸奖了一番，说她生养了一个聪明好学的儿子。一席话说得宇辰的妈妈心花怒放，为有这么一个儿子骄傲无比。她自然也在老师们面前讲自己如何从小到大就注重儿子的教育。作为一个女人既要教育儿子，又要在外面打拼事业，如何艰难云云。老师们觥筹交错之间也同样把宇辰的妈妈夸奖一番，说她自己的事业做得不错，儿子的教育又这样成功，实在是了不起的成功女性。宇辰的妈妈被老师们越说越高兴，与宇辰的爸爸一起，轮番给老师们敬了不少酒。

送老师们的时候，宇辰的妈妈偷偷将一个花了5000多元买来的新手机塞给了周老师，周老师礼貌性地推辞了一下就收下了。

那次花钱请客送礼之后，宇辰在家不再埋怨周老师有事没事批评他了，也能够坐到教室前几排座位上了。宇辰的妈妈心里很不是滋味。她不敢告诉宇辰请客送礼的事，宇辰不会容忍她这样做的。她转念又一想，只要能给儿子创造一个好的学习环境，别说花几千元，花更多的钱也值。

这些事情，是宇辰的妈妈有一次到我办公室，与我探讨宇辰考试成绩的时候告诉我的。宇辰现在虽然不在我们学校读书，但是他妈妈原来开家长会的时候，听过我几次讲话，觉得我的教育理念比较接近她对儿子的培养目标，所以，偶尔还会来找我，共同探讨如何培养孩子的话题。

我听了关于周老师对宇辰的态度前后变化的事情之后，对宇辰的妈妈说："这样的事情是不允许在我工作的学校发生的。如果发生了类似的事情，我会对这种老师进行公开批评。"

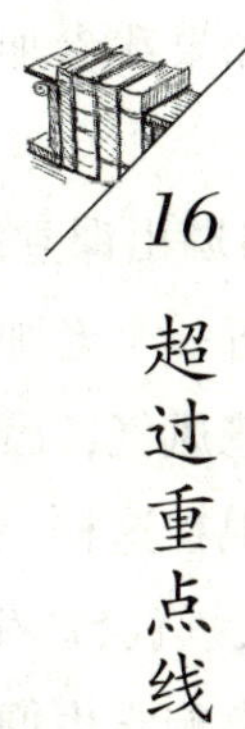

16 超过重点线

我坚决反对老师对家长进行吃拿卡要。但是，在家长请老师吃饭的问题上，我又是比较矛盾的。我在这个问题上的态度是“三不政策”：不提倡，不反对，不参与。不提倡，是因为这不是什么好事。如果在学校形成了风气，那是有害而无益的。不反对，是因为这也是目前家长与老师沟通的一种有效形式。现在如果还强调像过去那样，由老师一个一个对学生进行家访，已经是不可能的了。家长遍布城市的各个地方，一天也访不了几个人。再说，如今社会的生活条件也变好了，有的家长有经济能力请老师们聚一聚，只要不铺张浪费，不像宇辰的妈妈那样奢华地消费，也未尝不可。不参与，是因为这不是我提倡的事，我也不愿意把自己的时间浪费在应酬之中。家长们请老师吃饭，可以当面了解一下学生的学习情况和受教育情况，我参加没有用。而且，如果我参加多了，必然会带坏学校风气。

我之所以在上一次珞珈山课堂的时候，建议卓凡、宇辰和天天，不要指望每一个老师都能为人师表，就是因为，当前学校的一些风气，已经与他们父辈读书的时候不一样了。面对现在这样一种状况，学生们不能正确认识和处理的话，就会产生一些偏激的看法，做出一些偏激的举动，影响学生们的健康成长。在高中阶段，学生们对社会生活和学校学习环境的认知，毕竟还不可能全面和成熟。

我定期在东大附中学生中发放问卷调查，了解老师们为人师表的情况。有时，我亲自找学生座谈了解。有时，我在校园内找学生随机问话。天天在我们学校读书，虽然我可以到班上找他了解老师们的师德情况，但是因为担心找他的次数多了，老师们会对他有特别的关照，所以只是在几次放学的时候，我在校门口碰到天天，拦住他问了教他的几位老师的一些情况。他说班主任兼数学老师余老师方言口音太重，对其他老师都很满意。我与卓凡、宇辰和天天的珞珈山课堂是我们四个人的秘密，天天在我工作的学校读高中，我为了让他在一个很正常的环境下成长，特别叮嘱他，不要把我们的珞珈山课堂告诉老师和家长。如果老师和家长知道了这个秘密，天天就成了老师特别关照的学生。这样一来，我就失去了对这三个学生的成长进行跟踪观察和分析的意义。

下一步，我该关注他们的各科学习成绩了。

卓凡对数学老师很崇拜，也很喜欢。宇辰凭自己的自信得到了数学老师的喜欢，他不知道有妈妈的暗中帮助。天天对数学老师的口音问题正在适应的过程中。我很高兴地看到，三个学生基本上完成了从初中到高中学习生活的转变与适应过程。他们遇到的班主任都是数学老师。我相信，他们在数学方面成绩不会差。在同一个班，班主任所带的学科，学生的成绩一般要好一些。这也是学校一般要安排语、数、外老师做班主任的一个重要原因。因为这三科的分值在高考中所占的比重比较大。

在 11 月的期中考试之后，我们珞珈山课堂的时间又到了。三个学生面对自己高中时期第一次考试成绩会有一些什么样的想法，这次成绩对他们今后的学习有些什么样的影响，这是我很想知道并很愿意与他们探讨的。在这次考试之前，他们参加过一次分班考试，考的还是初中的知识。他们是否适应了高中课程的学习，这次考试成绩是一个标尺。

登上秋冬之交的珞珈山，又有一种新的感觉。阳光照在身上暖暖的。从北方往南方飞去越冬的一群白鹤栖息在珞珈山的树顶上，细长的双腿踩在绿色的枝条上，身子不停地晃动。我上山的时候，卓凡、宇辰和天天正挥动着双臂，逗引这些白色的生灵们在树顶上往来飞栖。远远地迎着东湖水面看过去，景色多么壮观！

看到我上山之后，三个学生停止与白鹤戏闹，朝我走来，一个个兴高采烈的。我估计除了观赏白鹤的原因外，肯定三个小家伙的期中考试成绩都不错。

果然，卓凡考了 620 分，宇辰考了 598 分，天天考了 595 分。这次考试，三个学校是联考的，重点线是 548 分，他们都超过重点线几十分，很不错的。

卓凡说："我虽然考的分数最高，但我的语文只考了 80 分，太低了。爸爸妈妈把我批评了一顿，说我要不是语文的影响，应该可以考到 650 分以上的。他们听老师说，考不到 650 分上不了清华北大。"

我告诉卓凡："上清华北大是很难的，全省每年高考的前 120 名才可能考上，平时考试成绩不达到 670 分以上，高考时考清华北大就比较困难。你的语文成绩要达到 125 分以上才行。"

宇辰和天天各科成绩比较平衡。他们中考成绩比卓凡差一些，这次期中考试也还是差一些。天天与宇辰相比，这次考试成绩不相上下了，而中考成绩天天比宇辰少 30 分。

我对他们说："你们这次都考出了比较好的成绩，我向你们表示祝贺。在各科成绩的提高方面，我帮不了你们，这要靠你们与教你们的各学科老师去共同努力。"

天天问我："校长，你是教什么学科的？你能不能在珞珈山上给我们上一课？”

“好家伙，你是想到这里将校长的军呀！还好，我今天真的为你们准备了一课。”

三个小家伙高兴得跳起来，叫起来。他们的叫喊声惊飞了附近树顶上的那些白鹤。

我给他们讲了一堂在他们老师的课堂上听不到的作文课，我所列举的范文，全部是我自己写的文章，时间跨度 30 多年，文体包含诗歌、散文、报告文学、专业论文、应用文、时事评论等。三个学生听得津津有味，天天说：“校长，您太牛了，这么多文章，几十年了，您都背得呀！”

我告诉三个小家伙：“好的作文是行为之树，艺术之花，思想之果。这就是我今天给你们的建议。”

17 天天和妮妮的演唱

在珞珈山上听了校长讲的作文课，天天感受颇多。从小学开始写作文到现在，这是天天所听到的最真实的一节作文辅导课。此前，他还没有听到一个老师课堂举例能够全部用自己的文章的。那一刻，校长的形象一下子在他心目中变得高大起来。过去，他只知道校长有与其他校长不一样的办学理念和管理学校的方式。作为学生，他和同学们一样，最直接的感觉就是学校作息时间的变化，老师课堂教学形式的变化，作业量的变化，学校各种课外活动的变化，这是一些细小的变化。把这些变化加在一起，学校就有了很大的变化。天天很庆幸自己选择了在东大附中读高中，当然也庆幸自己遇到了这样一位校长。

学校即将进行新年文艺晚会，要求各年级的老师和学生自报节目参加初选。是否参加这次活动，天天犹豫着。他在比较自由的家庭环境里长大。小时候，父母亲送他到钢琴、小提琴、吉他培训班，他全部是半途而废。不过，他喜欢唱歌，没事的时候也偶尔把吉他拿出来在家里弹唱一曲，同学聚会的时候，也喜欢抱着吉他玩玩。正在他拿不定主意参不参加学校新年晚会演出的时候，同班的女同学陈妮说她写了一首歌词，想请天天作曲然后由本班同学们演唱。

陈妮是班里成绩最好的女生，平时成绩都比天天好，大家都叫她“妮妮”。妮妮主动要与天天合作，是天天没有想到的。可能是天天平时总在班上哼唱几句，让妮妮觉得他有这方面的才能。其实，他哪里会作曲呢？这是他从来没有干过的事。所以，当妮妮提出要他为她的歌词作曲的时候，天天瞪着一双眼睛看了妮妮好半天。今天他觉得妮妮不仅成绩好，而且人也漂亮，只是个子太瘦小了一点，总像没有长大似的。妮妮见天天只是看着她不说话，就把打印好的歌词放在天天的课桌上，回到自己的座位上了。然后，她没事似的拿上一本书看了起来。

天天拿起妮妮放在桌上的歌词小声地读着：

一起走过

风来了雨来了一起走过，
太阳来了月亮来了一起走过。
走过东湖水青春荡漾，
走过珞珈山深沉端庄。
啊，亲爱的朋友，骄傲的同窗，
我们一起走过这美好时光。

苦来了累来了一起走过，
欢乐来了悲伤来了一起走过。
走过母亲深情守望，
走过自己花季梦想。
啊，亲爱的朋友，骄傲的同窗，
我们一起走过这美好时光。

风来了雨来了一起走过，
太阳来了月亮来了一起走过。
啊，亲爱的朋友，骄傲的同窗，
我们一起走过这美好时光。

天天反复读了几遍这首歌词，读着读着竟哼起来了。他觉得歌词写得还不错，有一点像他的爸爸妈妈常常在家里哼唱的校园歌曲的味道。他把自己哼出来的曲子记下来，准备拿回家找爸爸妈妈讨论，或者是找音乐老师请教。

那天晚上下自习的时候，天天有意从妮妮的座位旁走过，而且还停了一会儿。他期望着妮妮能站起来，与他一起走出教室。这样他就能很自然地在校园里与妮妮同行一段路，把自己关于歌曲的一些想法告诉她。可是，妮妮像没看见似的，继续埋头做练习。妮妮是住读生，下了晚自习之后，还要在教室里做一会儿练习才回宿舍。

从教室里出来的时候，天天虽然有些失望，但心里还是有一种高兴劲儿，他一路哼着自己编的曲儿回到家。看见儿子回来了，妈妈进厨房给他准备夜宵去了，也没感觉到儿子今天的高兴，爸爸依旧像往常那样，关在书房里做他的学问，或是看他的学生写的论文。妈妈端出热腾腾的鸡蛋肉丝面的时候，天天已经开始在自己的房里预习明天的功课了。这是天天从小养成的习惯，每天晚上一定要把第二天的功课预习一遍，以便上课时能跟上老师的思维。这样的学习效果比被动地让老师牵着鼻子走要好得多。儿子吃面条的时候，天天的妈妈看到桌上放着一首歌词。天天告诉她，这是一位同学写的，准备参加学校新年晚会演出。吃完面后，天天开始与妈妈讨论歌词。天天妈妈读大学的时候，也是学校的文艺积极分子，她与天天的爸爸就是在学校的文艺沙龙活动中认识的。天天把曲子唱给妈妈听，妈妈帮他修改了几个地方的节奏。天天爸爸听见他们在天天房里闹腾，也过来加入到他们的行列。他也觉得歌词写得不错，天天的曲子也作得不错。他还建议儿子找一个女生搞组合演唱，肯定能成功。天天因为心里有一种别样的感觉，他没有告诉爸妈，这歌词就是一个女同学给他的。

因为自己和爸妈都不是专业出身，天天为了把这首歌创作得更好一些，为了能够达到在本班同学们中间传唱的水平，他专门去办公室找音乐老师请教。他把抄好的词谱交给音乐老师，希望音乐老师能帮他们改一改。音乐老师听说是他与妮妮联手创作的歌曲时，很高兴地支持他们，并且说，晚会正缺原创歌曲。

过了两天，音乐老师把修改好的词谱交给天天，说她愿意编导这个节目，建议词曲作者搞一个吉他弹唱组合，就叫天天妮妮组合。

学校新年晚会的时间定在 12 月 31 日，算起来也没有几天了。班主任余老师把音乐老师请到班里来初选他们班参加学校演出的节目，吉他弹唱《一起走过》自然被选上了。天天和妮妮每天最后一节研究性学习课就去音乐老师那里排节目。这样，天天与妮妮说话的机会就多了。他原来只知道妮妮是一个勤奋刻苦学习、成绩优异的女同学，现在通过交谈，天天发觉，妮妮的阅读面很广，不是那种除了功课什么都不知道的考试机器。他每天都期待着最后一节课快点到来，同样，也觉得最后一节课的时间过得太快。

在东大附中的新年晚会中，天天妮妮组合的原创歌曲《一起走过》获得了一等奖，同时这首歌曲也很快在校园里流行起来。

我是在晚会现场第一次听天天和妮妮唱这首歌的。当时，我也觉得这首歌唱得不错。特别是主持人告诉师生《一起走过》的词曲作者就是妮妮和天天时，我觉得我们学生的才华真是不可小觑，像天天、妮妮这些在校长和老师眼里只会读书考试的学生，他们身上也有其他方面的特长。而目前我们的高校招生考试制度，扼杀了多少学生的发展个性和潜力呀！

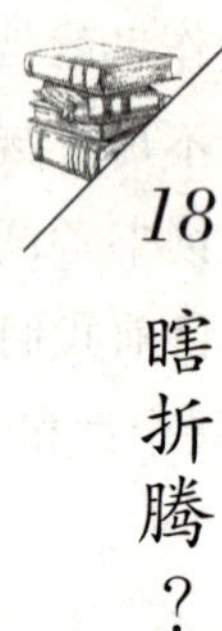

18 瞎折腾？

对于高考，我是又爱又恨。就目前而言，在相当长的一段时间之内，现在的高考制度总体上是值得肯定和坚持的。但是，目前高考制度对学生成长带来的负面影响也非常明显。为了一个好的分数，社会、家长、学校和学生，都不顾一切地去追逐，多少学生的身心健康受到损害，多少社会问题因这个制度而产生。在这个强大的体制面前，学校、学生、家长都显得非常弱小和无奈。

面对高考，学校、学生、家长是别无选择的，只能完全被动服从。不用说全国范围内的高考，就是以市为范围的中考，在那些手握大权的当权者和那些所谓的新课程改革“专家”的折腾下，东湖市近年来搞了几项改革，把学校和学生折腾得够呛。

前几年，东湖市在全国率先改变初中生中考评价机制，从分数制改为等级制。等级制的核心内容是，将全部中考学生按考试成绩和平时操行表现分为50个等次。这样一来，东湖市的10万名初中生就没有从第1名到第10万名的名次之分了，只有从第一等次到第五十等次之别。看似取消了名次，淡化了考试的压力，但实际上，等次的主要依据还是学生的中考成绩，平时表现学校不敢也不愿把学生评差。在中国当前的社会文化的背景下，哪一个校长和老师能够做到非常客观地评价学生的平时表现？特别是要把学生的表现与中考升学挂钩的时候。中考分数制改为等级制之后，初中学校和家长对学生的成绩摸不清楚了，学生自己也是云里雾里，摸不着头脑。平时一分一个名次的差距，中考可能变成一个等次的差距。全市一个等次有2000来名学生，这样就变成了2000个名次的差距。所以每年中考等次成绩公布之后，学校、学生和家长都对成绩产生质疑。

《东湖晚报》曾发表过这样一个专版《中考成绩等级制：一匹脱缰的野马》。所登载的文章反映了学校领导、老师、家长、学生和社会各界对中考成绩等级制的各种质疑之声。那时候，我还是市政府的秘书长，我有一次问教育局长："你们中考学分等级制是怎么出笼的，怎么除了教育系统'专家'认同的声音之外，大家都持反对之声？"

我的问话，对他是有一定压力的。他对我说："秘书长，你是教育系统出来的，懂教育。我是从机关到机关，刚到教育局的时候，听了外面一些‘专家学者’的报告，组织本市的一些教育研究人员讨论，最后拿出了这样一个改革中考评价体系的东西。当时是为了在全省全国率先进行一些改革尝试，现在看来是有一些欠妥。我现在是硬着头皮往前走啊。”

他在我面前不敢睁眼说瞎话。但在媒体面前，他是不敢承认自己搞的这番改革是欠妥的。

这位局长刚上任的时候，还搞了一项改革，比中考成绩等级制更让学校和学生折腾，给东湖市教育界造成的影响更大，尤其是那几届学生，在高考中吃了大亏。那项改革是初中课程改革。这位局长听了市教科院一些教研员的建议，为了减轻初中生的学习负担，把初中物理、化学、生物、地理四门课综合成一门课，叫《科学概论》，把初中政治、历史、社会、文化四门课综合成一门课，叫《政治与社会概论》。

这项改革更是瞎胡闹。从老师方面来看，过去教某一门课的老师，改革后要同时教四门课。一些年轻老师尚可以边学边教，一些中老年教师完全适应不了这样的折腾。从学生方面来看，学生在学校的课程压力是变轻了，但家长们为了让孩子有一个好的中考和高考成绩，拼命把学生送到校外的培优班补课，总的负担并没有减轻。另外，由于全省其他地方没有这样进行课改，而高考又是以省为范围命题考试，所以，东湖市的考生在高考中吃了几年大亏。无论是文科还是理科，曾经是全省高考领头雁的东湖市，已经风光不再，不仅总均分比过去有很大下降，尖子考生也考不出好的成绩来了。连续几年，东湖市没有出一个全省的文理科状元。偶尔出一个，仔细一问，就发现这个状元初中三年是在东湖市以外的学校读的。

只要稍懂教育的人，就不会把八门课综合成两门课来上。然而，在中国目前的行政体制之下，就是有一部分当权者可以做出这样的事情来，而且是以地方政府教育主管部门的名义。前几年，那位局长调到市政协文史资料委员会任副主任去了。我的老同学到市教育局任局长，我建议他抓紧恢复中考成绩分数制，恢复初中被合并的八门功课。他做了很多调研，终于在前一年高考成绩出来之后，找到了一个比较好的时机，又来了一次“改革”，将东湖市初中课程开设和中考评价体系彻底恢复到过去的状态，与全省一盘棋。他之所以选择在那一年高考成绩出来之后做这次“改革”，是因为当年高考，东湖市高中学校重点大学升学率低于全省平均水平。这在过去是从来没有过的，市民们完全看到了他的前任“改革”的“成果”。当他召开由各方面人员参加的会议，宣布恢复初中课程设置和中考分数评价体系的时候，几乎没有一个人提出异议。

现在，东湖市的中学教师提起那次初中教学改革，没有一个人不把它当做笑料来谈。在人们茶余饭后的笑谈背后，是几十万中学生的学习、身心、升学受到了不同程度的影响。一些本该上一流大学的学生，由于在初中起跑线上输给了同龄的孩子，只能到二流、三流大学深造。

这种影响，学生们是感受不到的，至少当时是感受不到的。初高中 6 年之后，他们可能感受到，但已经毫无办法了。所以，那些从事基础教育又手握实权的人，一个决策，可能影响几十万、几百万学生的人生走向。比如邓小平同志 1977 年恢复高校招生考试，改变了中国多少年轻人的命运啊！

因为看到了一个局长和一个校长对学生的影响力，也因为中学教育是自己第一份养家糊口的工作，我对这份事业充满特别的情感，所以我才愿意回到中学教育岗位。我做不了很大的事业，但我至少可以在我所工作的学校，为学生们创造一个让他们身心健康成长的环境，让他们在中学时代学会肩负起家庭和社会的责任，让他们快乐成长。

那天，在晚会上看到天天和妮妮快快乐乐地在舞台上表演的样子，我知道自己的办学理念已经开始在学校产生了一定的引领力，也开始在学生身上体现出来。

办学理念的引领力最重要的不是体现在一两个决策、一两次校园活动上，而是要深入到学生的内心世界。前一段时间，我发动全校学生写同题作文《在东大附中读书的故事》。妮妮写了一篇《冬日暖阳》，我读完之后，联想很多。现在的中学生，从年龄来讲，他们正处在人生的春天。但是，他们面对做不完的习题，考不完的考试，面对父母离异，面对“留守生之困”，有不少人经历着春天里的冬天。妮妮的《冬日暖阳》，写出一个中学生在纷繁无奈的现实生活中，拥有一片冬日暖阳的内心情感世界，对那些在现实压力面前不知所从，乃至一切都无所谓的中学生，应该是有一定的启发意义的。

我初步分析，上个月期中考试之后，卓凡和宇辰的老师会给他们加大学习上的压力。因为考试过后，学校要做质量分析，要老师们提高教学质量，多数学校就是要提高学生的考试分数。老师们在学校的压力下，会加班加点地工作，会给学生增加作业，会针对一些同学进行个别辅导训练。学校还会召开家长会，把学生的考试成绩告诉家长，希望家长配合学校提高学生的考试成绩。这一切的压力都无一例外地要落到学生身上。我经常感叹，现在做一名学生太不容易了！

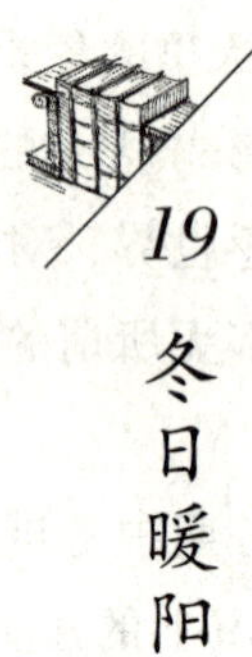

19 冬日暖阳

无论我感叹也好，不感叹也罢，每个月与三个学生约定的珞珈山课堂的时间都会如期而至。因为上午学校有点事情要处理，我把这个月聚会的时间改在下午，并让天天通知了卓凡和宇辰。

今年 12 月，是东湖市近年来最冷的一个冬天，几天来下了好几场大雪。我登上珞珈山，环顾四周，整个珞珈山都覆盖在皑皑白雪之中。平时挺拔高耸的大树，枝条都被雪压得弯弯的，特别是那些四季常绿的树，几乎整个树干被压弯了。就是在这么寒冷的季节里，远方的东湖水面上，一群野鸭仍然在水中静静地游弋着，它们间或飞腾一下，又落在不远的水面上。

三个学生正在山顶上打雪仗、堆雪人。山上除了我们，没有其他人了，这是与过去不一样的。也许是昨天夜里又下了一场大雪，东大的师生们都不愿登山吧。但我们今天不来不行，因为明天学生们都要回到各自学校的课堂上。不是明天，今天晚上就得去上晚自习。

我走到他们堆的一个雪人旁，也加入到他们堆雪人的行列。三个学生已经习惯了把心里的话毫无保留地告诉我，没有什么开场白，卓凡就抱怨着说："校长，我这个月与语文老师干了一仗。他批评我不用功学语文，我赌气不完成他的作业。语文老师告诉了我爸爸，我爸爸跑到学校把我训斥了一顿。妈妈一边说还一边流泪，搞得我很心烦。后来，我又在课堂上和语文老师顶嘴，语文老师把我赶出课堂站了一节课。"

宇辰说："我们的班主任周老师期中考试之后，对同学们发了好几次火，她说我们不用心学习，我们班考试成绩不如同类重点班，要我们全班同学一个一个在自己身上找原因，搞得同学们很紧张。一个同学低声在课堂上骂她母老虎，被周老师听见了，她罢了一节课，还是班长去办公室把她请回教室的。我们都向她表了决心，她才恢复给我们上课。校长，你能容忍这样的老师当班主任吗？"

天天告诉我："期中考试后，余老师也用他的方言对学生提出了要求。他要求学生们分析这次考试每门课各考了多少知识点，哪些是自己掌握得比较好的，哪些是自己掌握得不够好的，要主动找各科的老师分析探讨，拿出解决办法。全班每个同学都写了一份期中考试小结，也感到压力挺大的。”

听他们说完之后，我对他们说：“中学生没有学习压力是不可能的，关键是我们用什么样的心态和方式去对待这种压力。老师和家长面对考试成绩给你们提出的要求不一样，采取的方法和态度也不一样，同样需要你们认真对待。卓凡你虽然考了 620 分，但你爸爸妈妈是要求你考清华北大的，所以他们还是认为你考得不好。天天虽然考得比卓凡差一点，但他爸爸妈妈只要求他上重点大学就行了，所以认为他考得还不错。不同的目标决定了不同的要求，也决定了他们对你们的不同态度。这些会给你们带来压力和烦恼。在中学阶段，今后还有可能遇到比现在的压力更大、烦恼更多的情况，你们必须学会自己调整自己的心态。否则你们就会生活在无穷无尽的压力和烦恼之中。”

我给雪人装上两只耳朵，接着说：“中学生的生活本来应该是春天一样的生活。但是，现在的升学考试体制，把你们的人生春天搞成了冬天。老师、家长和你们都很无奈，我这个校长也没有办法，只能建议你们在这样的冬天里，自己的内心一定要拥有一个温暖的太阳，只有这样你们才会感受到人生的温暖。这种感觉要靠自己寻找，别人帮不了你们。前些日子，天天的同学妮妮写了一篇文章《冬日暖阳》。我觉得写得非常好，我建议你们认真读一读，并尝试着找到一个心中的冬日暖阳。这就是我今天给你们的建议。”

我的话讲完了，雪人也堆好了。我们一同下山，天空中还飘着片片雪花，落在我们身上，落在珞珈山银装素裹的树林中。

分别的时候，我把事先打印好的妮妮的文章《冬日暖阳》交给三个学生。这篇文章感动过我，也希望它能感动卓凡、宇辰和天天。

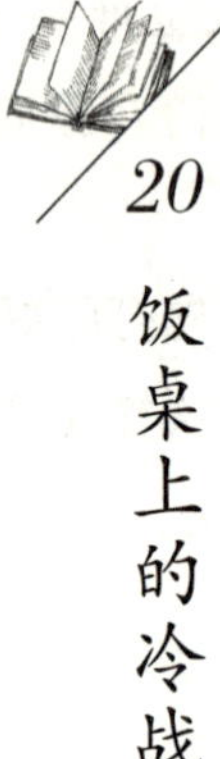

20 饭桌上的冷战

卓凡从珞珈山上回到家，吃了晚饭，仍旧是妈妈送他返校。

东湖师大附中在东湖市南郊的南湖之滨。今天的雪下得特别大，卓凡妈妈的车开得很慢。透过车窗往外望，路上的行人都紧裹着衣帽，小心翼翼地穿行在大雪纷飞的街市上。

一路上，母子俩依然像往常那样无语而行。卓凡一边看街景，一边想着校长白天在珞珈山上给他们讲的话，也回想着晚饭间读到的天天的同学写的文章《冬日暖阳》。他不得不佩服校长，觉得校长的每一次谈话都能说到他的心坎上。上高中以来，他与老师、同学和爸爸妈妈之间的相互不理解，他的情绪的烦躁与低落，他面对学业、面对生活的一些困惑，校长总是能在没有听他讲述的情况下，就能一语破的。比如说，今天在珞珈山上，校长说他们这帮中学生虽然年龄上处在人生的春天，但内心世界和外界给予的压力可能使他们处在人生的冬天，完全说到卓凡的心里去了。碰到这样一个懂得他内心世界的校长，叫他不服都不行。而且，校长并没有用一套陈旧的说教方式来教育他们。校长推荐的同龄人的文章《冬日暖阳》，卓凡读过之后，在这大雪飘飞的夜晚，在他总是与爸爸妈妈谈不到一块儿的青春躁动期，确实能让人感到从心头升腾起一丝暖意。

卓凡开始后悔没有选择在东大附中读高中。虽然他的初中是在东大附中上的，但那时他不认识校长，也不了解校长。东大附中的初中部和高中部在不同的校园，有一条马路之隔。校长偶尔到初中部给同学们讲个话，卓凡在台下连校长的模样都没有看清楚。要不是中考过后那次在珞珈山上偶遇，他就不可能有现在的幸运，每月能在珞珈山上聆听校长的教诲。

每次从珞珈山上下来的时候，卓凡都想着，我一定要按校长的建议来做。他非常想做让爸爸妈妈夸耀的儿子，也很想在班上受到老师的表扬，很想赢得同学赞许的目光。可是，他总是事与愿违。上次，他凭自己的实力考进了学校的奥数训练班，妈妈就肯定了他一句："我知道只要你努力，就一定比别人优秀。"

接下来就是："你可不能偏科哟，总分一定要在660分以上。尤其是语文，是你的薄弱学科，要用功学好。"即便是肯定的那一句话，也让卓凡感觉到，他的有些学科成绩不优秀，就是因为他不努力。这样的对话，总是让卓凡感到非常无语。

今天在饭桌上，爸爸又提起卓凡与语文老师在课堂上发生冲突的事情。卓凡连晚饭都没有吃完，就放下筷子不吃了。爸爸吼叫着命令他吃，他偏不吃。妈妈怕父子俩在家里干起来，连忙解围，叫卓凡拿起衣服和书包，出门上学。否则，卓凡肯定要与爸爸舌战好久。

卓凡就这样一路望着车窗外的雪花，一路想着自己的心事来到学校。下车后，看着妈妈远去的车影，他也想理解妈妈。妈妈希望他能够考上清华北大，尽量为他创造一切条件，甚至放弃自己的事业来培养他，这些事情他都知道。但是，卓凡所在的省，考清华北大多难啊！东湖师大附中每年大约有20人考上清华北大，卓凡的成绩现在在班上都排不上前20名，在全年级就更不用说了。妈妈想让卓凡参加奥数训练后，走捷径读清华北大。但这也是一条冒险之路。在东湖师大附中，好多师哥师妹们因为参加奥数训练，耽误了其他功课，最后奥数没有拿到大奖，没有获得北大清华的保送资格，其他功课也降下来了，高考成绩连一本线都过不了，不得不选择复读。卓凡很羡慕天天，因为天天的爸爸妈妈从来没有要天天考清华北大，只要天天认真学习了，考多少分都能得到爸爸妈妈的夸奖。

“爸爸妈妈培养我不容易，这我知道。可是，在这么多优秀的同学中竞争清华北大，我容易吗？”卓凡站在校园门口的雪地上这样想着，妈妈的车影早就消失在茫茫飞雪之中了。卓凡的头上、肩上也落满了飞雪。他没有挪动脚步的意思，就这样傻愣愣地站在那里，双手还提着从家里带来的换洗衣物和食品，背上背着书包。

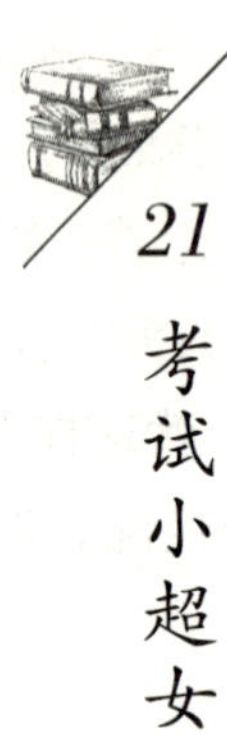

21 考试小超女

“卓凡，干吗站在这里发愣?”一个女生的声音打破了雪色傍晚的寂静。卓凡回过头，见是同班女生向春霞。向春霞是从农村考进东湖师大附中的，成绩非常优秀，稳居全年级前三名。无论是大小考试，她的分数总能保持在690~710分。她没有参加任何学科的培优，被同学们公认为考试小超女。小霞的父母在深圳打工。家里只有年迈的爷爷奶奶，放假她一般不回家，她的父母亲每月按时把学费和生活费打在她的银行卡上，放假的时候她到学校附近的银行里去取。

“我刚到校，你去哪儿了?”回过神来的卓凡问小霞。没等小霞回答，他又接着说：“妈妈给我买了好多食物要我带来，我上周带来的都还没有吃完，你帮我一个忙，把它们消灭掉算了。”

“那怎么行，我不要。”小霞连忙摆手。

“那你帮我提一提总可以吧？你看我两只手都提这么多东西。”卓凡说。

小霞一看也是，自己的两只手空着，还戴着手套。这么冷的天，卓凡手套也没戴，手里还拎着这么多东西。于是她走过去帮卓凡提东西，两人一边说着话，一边走进校园，朝学生宿舍走去。

“这次考试，你又拿了第一名，我们都好佩服你。”卓凡边走边扭头对小霞发出由衷的赞叹。

“我没有什么爱好，家又不在东湖市，一天到晚就是学习，别的什么都不会做，没有什么好佩服的。”小霞回答道。

“我们叫你考试小超女，你介意吗？”

“没有什么介意不介意的，你们爱叫就叫吧。”

“你怎么是从外面进来的？这么大的雪你上街了吗？”

“没有上街，就去了一趟附近的银行，看妈妈给我打钱没有。”

一路走着说着，男生宿舍到了，小霞要把帮卓凡提的食物袋交给他，卓凡说你拿去与同宿舍的同学一起解决掉算了，说完就跑掉了。小霞追了几步，又怕别的同学看见了有什么误解，只好提着食物袋向女生宿舍走过去。她心里想：这个卓凡，怎么这样？

当天下晚自习的时候，小霞从卓凡座位旁走过，放了一张折叠的作业本纸在卓凡的课桌上，没有说一句话就走了。卓凡怕同桌看见，慌忙用课本压住，然后用一只手把课本往前平移，另一只手在课本下捏住纸条。

卓凡拿着纸条到卫生间里，打开一看，纸条内夹着50元钱，纸条上写道：不准这样欺负人。卓凡偷偷在心里笑了一笑。

卓凡回到教室，有的同学已经离开教室了，有的住校的同学还在预习明天的功课，或者做练习。卓凡一般在晚自习之后留在教室里做一个小时的奥数习题。他虽然觉得爸爸妈妈对他的要求过高，他们希望他通过奥数竞赛获奖取得清华北大的录取通知书，但如果真的能够这样，他也是愿意朝这个目标努力的。既然有了这样的目标，他就得比同学们多付出一分汗水。不过今天卓凡总是静不下心来。他始终在想：我没有欺负你呀！他脑子里总是有小霞的影子，做题目心不在焉的。

他干脆不做奥数习题了，从练习本上撕下一张纸，写下：我没有欺负你，然后将50元钱夹在里面，放进口袋，回宿舍洗漱休息。

第二天早读的时候，卓凡特意从后门进教室，如法炮制地把纸条放在小霞的课桌上，然后像没事似的，头也没有回一下，径直向自己的座位走去。

一连好几天，卓凡总是在课堂上回头，看小霞听课的神情。下课后，卓凡借故与小霞答话。小霞对卓凡的态度就像什么感觉都没有一样，仍然像从前那样，在课堂上回答老师的问题，课后除了做作业就是预习新课。

小霞没有参加奥数的训练，但小霞每一次的数学考试成绩比参加了奥数训练的卓凡的成绩还要好，别的功课自然更不必说了。农村来的学生语文和英语成绩一般比东湖市的学生要差一些，但小霞是一个例外。她刚入校时，英语成绩在班上居中游。期中考试之后，她的英语成绩很快就上来了。卓凡想找个理由与小霞讨论学习上的问题，可是总是找不出来。因为她哪一门功课都比自己优秀，与其说是讨论，不如说是请教。去请教一名女生，卓凡又觉得自己脸上很没有面子。他不知道自己应该怎么做。课堂上他一边听老师讲课，一边总是想往后面回头看小霞。他总是期待着老师点小霞发言。他喜欢听小霞发言的声音，欣赏她机智地回答老师问题的样子。晚上躺在床上，卓凡脑子里也全是小霞的模样，从小霞刚入校他们第一次见面，一直到现在，像放电影一样，一幕一幕，一个细节一个细节地在脑海里映现。

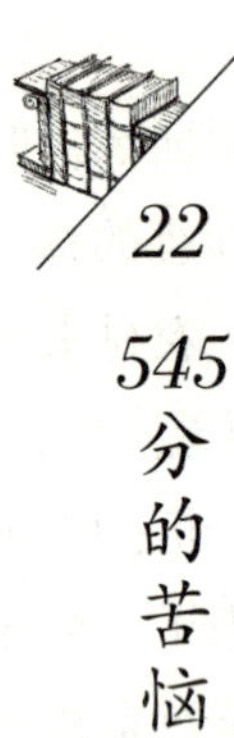

22 545分的苦恼

卓凡就这样在课堂内外恍惚地混到了学期结束。期末考试成绩出来，卓凡只考了545分。卓凡不敢把这个成绩告诉爸爸妈妈，他们知道了肯定会受不了。但是不告诉肯定是不行的，因为妈妈可以从杨老师那里知道成绩。

学校放寒假的那一天，妈妈来接卓凡回家，问卓凡的考试成绩，卓凡不耐烦地回答："以后不允许你和爸爸到学校来向老师了解我的学习情况，也不允许问我的学习成绩。读书是我自己的事情，我不要你们干涉我，就像我不到你们单位干涉你们的工作一样。"

卓凡的妈妈一边开车，一边说："这怎么能一样呢？我们是工作，你是学习。"

“如果你们来干涉我，我就不上学了。”卓凡斩钉截铁地说。

卓凡的妈妈不知道卓凡今天是怎么了，一路只是开车，不再说话。回到家，卓凡关房门非常用力，“砰”的一声关上门，不再理会爸爸妈妈的敲门声。

饭菜做好之后，卓凡妈妈敲门叫他出来吃饭，卓凡丝毫不理。卓凡爸爸猛敲房门，并大声吼叫，卓凡也无动于衷。

爸爸妈妈没有办法，也不知道究竟发生了什么事情，饭也没有心思吃，夫妻俩小声商量着，出门到外面给杨老师打电话。因为在家里打电话怕被儿子听见。

卓凡的妈妈把杨老师的电话打通之后，还没开口就先哭了起来，弄得杨老师不知道发生了什么事。杨老师叫她别急，慢慢说，她才一五一十地将卓凡今天的情况讲给杨老师听。

“可能是这次考试成绩不理想。”杨老师听完卓凡妈妈的讲述后平静地说，然后把卓凡的期末成绩告诉了卓凡的妈妈。

“545分？”卓凡的妈妈听到成绩之后非常惊讶，连续问道：“怎么会这样？怎么会这样？”这问话更像是自言自语。

杨老师在电话的那头一时也不知道怎么安慰才好，只是告诉她：“近来卓凡在课堂上有些走神，我问了他几次，他说没什么事，我问他是不是没有休息好，他说休息得挺好的。我就不好再问了。他在学校表现也很好，没有发现别的什么问题。”

“家里也没有什么问题呀！”杨老师讲完之后，卓凡的妈妈说：“我们在学习上对他的要求是有一点高，但是在生活上我们尽量满足他，照顾他，在情绪上也很迁就他。”

杨老师在电话中建议说：“从卓凡这个学期的学习情况来看，你们家长对他的学习成绩和升学目标可能要重新定位。”

卓凡的妈妈听了这句话，半天不知说什么才好。对方也不再言语，也没有挂断电话。卓凡的妈妈说了一声：“杨老师，不好意思，今天打搅你这么长时间，谢谢你了。”说完就把电话挂了。

一直在旁边听妻子打电话的卓凡的爸爸气得直发抖。“545 分，简直气死我了。”看见妻子挂了电话，他自言自语地说道。

“杨老师说我们要对卓凡的学习成绩和升学目标重新定位，这是什么意思？难道我们要放弃对他的要求不成？”卓凡的妈妈一边说，一边晃动着那只握着手机的手。

两个人又担心卓凡在家里出什么事情，打完电话就回到家。卓凡的房门仍然关着，卓凡的妈妈说：“儿子，我们已经知道了，你这次期末考试没有考好，你先出来吃完饭，我们再商量，这还是高一上学期，还有赶上去的机会。”

这时，卓凡缓缓地把门打开，像小时候做了错事怕挨爸爸打的样子。妈妈看着他这样，一半气愤，一半心疼。爸爸想要发火，妈妈使了一个眼色，接着去热已经凉了的一桌菜。一家人就这样默不作声地吃完晚饭，卓凡知趣地回房去做作业。

卓凡的妈妈收拾完碗筷，没有心思看电视，坐在客厅的沙发上与卓凡的爸爸讨论寒假请老师给卓凡补课的事。卓凡爸爸建议多花一点钱请老师进行一对一的辅导，卓凡妈妈建议还是上培优班。两个人在客厅里讨论的话卓凡全部听得见，他在自己的房里也没有心思做作业，只不过装装样子罢了，免得他们对自己发火。他根本不想补课培优，他多么希望有一个自己可以自由支配的假期啊！

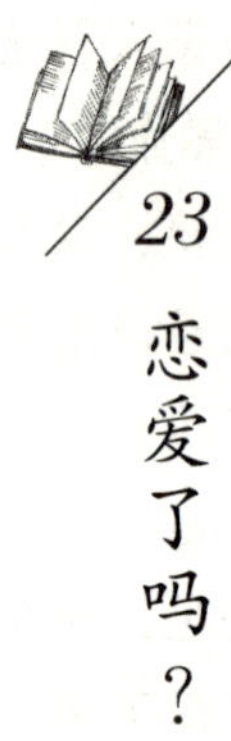

23 恋爱了吗？

快要放寒假的时候，我在学校里做了两件事。一件事是开了一个全校师生安全工作会议，希望师生在假期注意人身安全。还有一件事是给高一年级学生和家长做了一次讲座。讲座的内容是针对高一新生对高中生活的不适应，可能产生的人生和学习方面的困惑，请家长和学校共同配合，引导和教育学生顺利地走出困惑。天天是我们学校高一的学生，自然听了我的讲座。卓凡和宇辰没有听我的讲座，我准备到珞珈山课堂的时候把讲稿交给他们。

元月的珞珈山已是深冬时节。落叶乔木都赤条条地裸露着枝桠，四季常青的乔木和灌木显得格外苍翠。东湖大学的学生放假回家了，几万名学生的校园，一下子清冷了许多。我登上珞珈山的时候，只遇到了几个寒假不回家的学生，还在珞珈山的树林里读英语。

就像多数时候一样，我的三个可爱的学生已经在山上等着我。

见我上来，卓凡说："校长，我这次期末考试考砸了，只考了545分。这几天我们家里在冷战。我和爸爸妈妈都没有说话，他们要我去上培优班，我不理睬他们。"

"怎么会这样呢？"我问道。

卓凡一只手摸着自己的脑袋，似乎要说，又似乎不好启齿。

我说："等会告诉我吧，先听听宇辰和天天的情况。"

"我这次考了590分，比期中下降了8分。"宇辰说。

"我考了608分，比期中上升了一点点。"天天告诉我。

"你们俩的成绩都比较正常。多几分少几分没有什么本质的差别。"我听完他们的话之后说道。

"一个学期的高中生活结束了，你们有什么感想？这个假期准备做什么？我们来一起讨论讨论好吗？"我接着说。

卓凡默不作声，一会看看宇辰，一会看看天天。

宇辰说："我们学校放不了几天假，学校统一组织学生补课，所以我自己也没有什么别的安排。至于感想，就是觉得学校把我们的时间抓得太紧了，我们完全没有自由支配的时间。除了吃饭睡觉，所有时间都被各科老师安排着。”

天天说：“我准备假期回到农村老家与爷爷奶奶生活一段时间。爸爸妈妈今年比较忙，可能没有时间回老家过春节。我代替他们去陪爷爷奶奶过春节。我也想去农村看一看，说不定可以交几个农村的中学生朋友。”

“卓凡呢？”我问。

“我可能还是按爸爸妈妈的安排补课培优吧。”卓凡有一点无奈地说。

我告诉三个学生，不管爸爸妈妈对你们的假期怎样安排，你们都要与他们好好商量，不能对着来，他们都是为了你们有一个好的前途。补课也好，培优也好，回农村老家也好，都是一种假期生活。我虽然不赞成假期补课和培优，但目前好多家长都要孩子这样做，所以你们也不要怪他们。我今天带来了一个讲稿，你们可以拿回家给爸爸妈妈看一看，你们自己也看一看。天天已经在学校听过我的讲座了，而且假期的安排也很有意义，就没有必要看这个讲稿了。

这个讲稿就是我今天给卓凡和宇辰的建议：学会在困惑中长大。

最后我对卓凡说：“卓凡留一下，宇辰和天天先下山。”说完，我把讲稿递给了卓凡和宇辰。

宇辰和天天走了之后，卓凡告诉我，他这次考试成绩不好，是因为期中考试之后，有一个女生老是让他魂不守舍。我问他："你们恋爱了吗？"

"没有。"他回答。

"你正处于青春期一种对异性的向往阶段。这是一种很正常的心理状况，但你必须把握好。否则，对你的影响会很大。我的讲稿里讲到了这个内容，你回家好好看看。有什么想法，再随时与我联系。现在光靠我告诉你方法是解决不了问题的，只有在你自己慢慢认识到这个问题的方方面面之后，你才能正确地处理好。"我说。

"其实，我与那个女生话都没有说上几句。"卓凡说。

"是的，我知道，这种现象在高中阶段很正常，也很普遍。"我说："过一段时间你就会好了。时间似水，它可以溶解人世间的很多东西。"

卓凡像做错事的孩子，在我面前低着头。我拉起他的手，说："走吧，我们一同下山去。"

这是我第一次拉他的手下山。卓凡有一些不自然，低着头随我走下珞珈山。

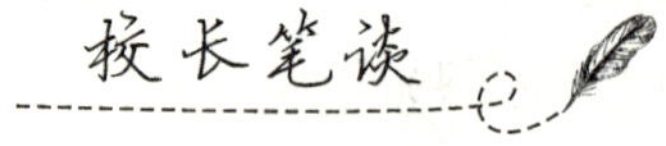

有一张课桌就够了

前几天，也就是5月12日，你们应该知道是什么日子，我把自己写给高中生的一本新书寄了300本到北川中学。一年前的今天，北川中学的幸存者们失去了校园。他们的一些老师、同学和家人也离他们而去，他们处于撕心裂肺的悲痛之中。望着昔日的校园变成一片废墟，他们说："有一张课桌就够了。"

那时候，他们哪里还奢望分到重点班呀！他们感慨于一瞬间生命的存在与脆弱，感慨于每天上学放学的平淡与幸福。他们说："现在，有一张课桌就够了。"

人们往往都是这样，平常的日子里很难保持一颗平常的心。他们那颗欲望的心，很难满足在平常的尺度，他们一定要比周围的人高一个尺度。

这错不错呢？这并不错。这对不对呢？这也并不对。

一个人有欲望，不一定是坏事；想高出周围人一个尺度，也不是坏事。最关键的是，要有一个正确的与别人相比较的生活态度。

你们现在面临分班，进平行班抑或进重点班完成高中学业，你们自己和你们的家长都非常看重。“别人能进重点班，我为什么不能进重点班？”于是你们会拼命地学习，想考进重点班。你们的家长也会想尽各种办法，帮助你们进重点班。这也是一种比较。因为在你们和你们的家长看来，重点班就是比平行班高出一个尺度。进了重点班，考重点大学就有了更大的把握。

实话告诉你们，我现在在学校里分重点班与平行班，是一种无奈之举，并不是我的本意。虽然我是校长，学校的工作我可以自己说了算，但是我的决策不能不考虑社会环境。否则我和我管理的学校就会成另类。我们学校的重点班，并不是像其他学校一样，把全部优秀老师都集中在重点班里。在老师的安排上，我们学校平行班与重点班是同样对待的。学校老师分成三个团队，每个团队从高一把学生带到高三，中途没有特殊情况，一般不会更换老师。因此，在我们学校没有高三把关老师一说，每一个老师都是高三把关老师。哪怕是新招聘进来的一个师范生，我也让他从高一带到高三。我倡导树立“因材施教，分类辅导，让每一个学生都得到提高”的教学目标。因此，我们学校的重点班，不是其他学校简单意义上的把好学生好老师集中在一起的班，而是把成绩相对来说在同一个层面的学生集中在一起，由比较适合带他们的老师来教他们。徐海老师是武汉市“百佳班主任”，刚刚把一个“领军人才直升班”带毕业，这个班70%的学生都考进了重点大学。现在徐海老师带的是中考分数没有达到学校录取分数线的“借读班”。

我还可以告诉你们，我读书的时候，学校没有什么重点班平行班之分。那时候家里穷，有一张课桌在教室里上课，对我来说已经很幸福了。

抱着有一张课桌就够了的心态，我顺利地完成了高中学业，高考考出了学校第一名的成绩，上了师范学校，现在成了你们的校长。

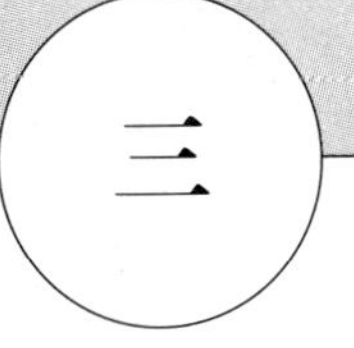

让我永远心存感激的男生，是高中时一个很酷的男孩子，话不多成绩很棒。而那时，我还是一个整天为数理化苦恼的胖丫头。有天他突然向我表白，我想也不想就问："为什么？""我觉得你是个好女孩。"他认真地说。那时总认为自己很差，奇怪还会有人还喜欢我，且不说当时紧张的学习气氛，更重要的是我并不喜欢他，所以马上就拒绝了。因为当初很不懂事，可能对别人态度也不好，其实应该说声谢谢。谢谢你在我自卑的时候欣赏过我。

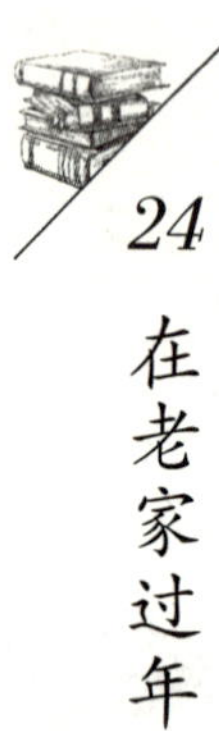

24 在老家过年

珞珈山课堂的第二天，天天就回到了爷爷奶奶身边。

天天的老家离东湖市并不远，只有 200 多公里的路程，高速公路修到了老家县城。天天从东湖市坐车到县城只花了两个多小时，从县城转车到老家所在的镇里又花了约一小时，从镇上步行回家还得一个多小时。这已经是最方便的了。听爸爸讲，他读大学的时候，从家里到东湖市得花一整天时间。总是天不亮就赶到县城，然后才能赶上开往东湖市的班车。要是到县城的时间晚了，就得在县城的长途客运站的某一个角落待上一个夜晚。那时候，家里没有钱让爸爸住宾馆饭店。

天天到老家的时候，奶奶正在屋里忙活，爷爷到河边放牛去了。奶奶看到天天，一把将他搂在怀里，眼泪也流了出来。她说：“儿啊，奶奶天天都想着你。”从小到大，奶奶从不叫天天的名字，总是叫他儿啊。奶奶只有天天爸爸这么一个儿子，也只有天天这么一个孙子。也不知道什么原因，爸爸出生的那个年代，国家并没有实行计划生育政策，但爸爸没有兄弟姐妹。听说奶奶在生爸爸之前，还生了两个儿子，是在 20 世纪三年自然灾害期间，两个孩子出生不久就夭折了，后来生了天天的爸爸，再后来就没有生育了。所以奶奶对天天格外娇宠。小时候奶奶在城里带天天时，爸爸妈妈要是对天天话语重了一点，都要被奶奶训斥。后来天天上幼儿园了，奶奶在城里没事闲得慌，就又回到老家与爷爷一起种田、养鸡、养牛。

老家的屋子坐落在故乡的小河边。小河是一条人工河，这条河开挖于20 世纪70 年代初期，一冬一春就开挖完工了，全凭河两岸三个县的农民用肩挑出来的。这在今天看来简直不敢想象。爷爷就是在挖小河的时候落下肩病和腰病，每到变天的时候，爷爷的肩和腰都隐隐作痛。听爷爷讲，这里本来是年年都闹水荒的，自从挖了小河之后，就再也没有淹过水了。河两岸的人们从此过上了丰衣足食的日子。

老家的三间瓦房还是爸爸刚上大学的时候盖的，夹在一排新盖的两层或三层楼房之间，显得低矮破旧。天天好几次听爸爸与爷爷讨论，要么请爷爷奶奶到城里去住，要么就把平房推倒后建楼房，可爷爷坚决反对。爷爷有自己的理由。城里他住不习惯，一天到晚无事可做，就像是在吃饭等死一样。他在农村种田养鸡养牛一辈子，习惯了，也很快活。等他和奶奶老去之后，这房子该怎么样就随它去了。他们也是活一天算一天，没有必要再去花那个冤枉钱。天天知道爸爸是一个孝子，到现在自己的儿子都读高中了，一切还是听爷爷的。爷爷不仅不愿花爸爸的钱改建新房，他每年种地养鸡养牛挣下的钱，自己也舍不得花，都拿到城里交给儿媳妇，说是给天天的。天天的爸爸妈妈不要，说："我们应该给您二老养老钱的，怎么能花您的钱呢？"爷爷说："我就天天这么一个孙儿，我的钱不给他给谁呢？我和他奶奶现在还能动，能挣钱，不需要你们养。钱留着我们也没有用，你们帮我用天天的名字存着，等天天读大学或是出国留学时用。"说这话的时候，爷爷已经70多岁了。天天每次回想起爷爷的这些话的时候，眼睛里的泪水都情不自禁地流出来。

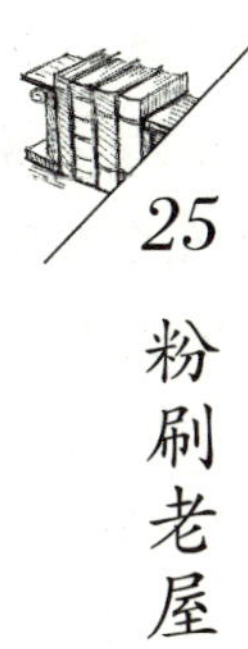

25 粉刷老屋

这次回老家，天天还带着爸爸交给他的一个任务。临走的时候，爸爸交给天天两万元钱，要天天帮爷爷把老屋的室内外粉刷一下。天天说：“我不会呀。”爸爸告诉他，粉刷材料你自己到镇上去买，然后请本族在家的叔叔伯伯们帮个忙，再请本族的婶婶们做几桌好菜，热热闹闹搞两天就行了。叔叔婶婶们都挺好的，天天登门拜访的时候，他们都满口答应。天天提到付工钱的事情，他们说付工钱你就去请别人，不要请我们。

天天连续几天蹬着三轮车，与爷爷一起，到镇上买粉刷屋子的黄沙、水泥和涂料，买肉鱼酒菜。开始爷爷不愿意粉刷屋子，天天说如果爷爷不同意粉刷，他就不在老家过年。爷爷自然要选择天天在老家过年，于是就同意了。再说，爷爷看见孙子像他爸爸一样，又有孝心，又能吃苦干活，虽然在城里长大，却没有养成城里孩子的娇气，爷爷从心里感到高兴。奶奶更是逢人便说："我的天儿是回家来帮我们粉刷房子的。"

开工那天，村子里十几个在家的青壮年都来了。除了本族的几个人，其他的人天天并不认识，他没有邀请。他们听说城里的高中生回家帮爷爷奶奶粉刷屋子，主动跑来帮忙。天天屋里屋外忙着递烟送水，也帮着提搅拌好的泥沙。几个年轻一些的婶婶一边忙手中的活儿，一边跟天天开玩笑："是不是带女朋友回家过年才粉刷屋子的呀？""女朋友长得漂亮不漂亮呀？""如果没有女朋友，我们就给你在村子里介绍一个呀！"这些话不用天天回答，她们自个儿找着乐子。天天只是笑一笑，算是回应。

爷爷奶奶高兴，一日三餐都准备了丰富的酒菜。爷爷和天天都不胜酒力，每次敬酒的时候只能意思一下。喝酒真有遗传。爷爷、爸爸、天天都不能喝酒，天天只喝了几口就脸通红。好在本族有一个叔叔酒量特大。他一边代表天天和爷爷敬酒，一边夸天天有孝心，没有忘记农民儿子的本色。几桌人一边喝酒一边附和着："不错不错，天天的爷爷奶奶真有福气，养了一个很不错的儿子，又有了一个这么懂事的孙子。"大家就这么吃着说着，完了后就接着干活。爷爷奶奶在别人对孙子的一片夸耀声中，自然是喜得合不拢嘴。

只用了两天时间，屋子就粉刷一新了。天天又与爷爷奶奶一起屋里屋外收拾打扫了两天。爷爷奶奶特意把房子东边朝南的那一间房腾出来给天天住。房间里的床还是爷爷奶奶结婚时用过的，是老家里唯一有些历史的东西。床的三面都有雕花的栏板。床正面的栏板上，左右两边雕刻着一对飞舞的凤凰，雕工非常精美。奶奶几天前就把蚊帐、被子洗干净，晒了好几天。天天原来不知道冬天怎么还挂蚊帐，当他按奶奶的要求把蚊帐挂上去后，就觉得，这样的雕花床挂上蚊帐还真是有一种别样的韵味。

老屋里没有暖气，也没有空调。奶奶听说天天要回来，早就把几捆稻草晒了又打，打了又晒。稻草被打得软软的，晒得干干的，铺在棉絮底下。天天躺在上面，软软的，感觉自己像一只小鸟睡在一个鸟窝里一样，很暖和，很舒服。在稻草别样的香味中，天天美美地进入了梦乡。他感觉爷爷奶奶对自己真好，他是最幸福的同龄人。他要像爸爸一样，把书读好，做一个让爷爷奶奶为他感到骄傲的人。

天天没有把功课带回老家去做，只是带了一本英语教材，每天坚持背两小时的课文和单词，早晚各一小时。这是天天从小养成的习惯，不需要老师和爸爸妈妈督促。假如有一天没有背英文，他会觉得这一天有什么任务没有完成。除了背英文，天天把所有的时间用来帮爷爷奶奶放牛和做农活。天天最喜欢的是放牛，每天一大早，他就把爷爷养的五头牛赶到屋子后面不远的河滩上。牛在河滩静静地啃着已经枯萎的草，天天就站在河滩上迎着对岸背英文。小河在他面前静静地流淌，寒风中，他的思绪格外清晰。如今他身临其境，才明白爸爸为什么老是向他讲起这条小河。爸爸是在这条小河边长大的，他在这里度过了自己的童年和少年时光。他越来越觉得，爸爸从这个偏僻的小村考上大学，如今成为光电子领域有成就的专家，太伟大了。

26 补课

就在天天在农村享受着自己的假期，也享受着与爷爷奶奶的亲情的时候，卓凡和宇辰都被爸爸妈妈逼迫着去补课。

卓凡参加了他妈妈帮他报名的高一学生寒假提高班，每天早晨、下午和晚上都要去上课，作息时间与没有放假的时候基本上一样。卓凡在家里和爸爸妈妈闹了几次别扭，他们谁也说服不了谁。最后卓凡也不跟爸爸妈妈吵闹了，每天按时出门，按时回家，但是他没有去“提高班”，而是去附近的网吧上网。“提高班”的老师只要你交了钱，上课不上课也没有关系，只要找一个理由打电话请个假，老师也不追究个细理。就这样，卓凡的一个假期大多数时间是在网吧里度过的。刚开始去网吧的时候，他还只是看看新闻，聊聊天，后来他学会了打各种游戏。他虽然是后学者，但游戏打得特溜，好多网吧教过他的“老手”，遇到新的游戏时，都是他的手下败将。现在，他一天不打游戏，就会觉得心里空荡荡的。打游戏的时光比读书做练习好混多了，在网吧里，一天很快就过去了。

宇辰寒假去补课在一定程度上不是爸爸妈妈逼迫的，而是数学老师兼班主任周老师逼迫的。临放假的前几天，放晚学的时候周老师把宇辰等十几名同学留下来，她说：“你们这些同学其他各科成绩都不错，数学也还可以，但有提升的空间。这个假期我没有什么事，你们每天上午到我家里来，我帮你们补习一下数学，免得你们到外面补课，要花费家长很多钱，又没有什么效果。我一般是不搞家教的，也不愿意为别人补课。因为你们是我喜欢的学生，我希望你们今后能考上一所理想的大学，所以就牺牲一个假期来为你们补课。”同学们听了，觉得老师说得有道理，反正不在周老师这里补课，爸爸妈妈也会把他们送到社会上的培训班去补课。与其这样，还不如参加周老师的补课班。既补了课，又和周老师搞好了关系。当然，家长们自然不会要周老师白帮自己的孩子补课，他们付给周老师的报酬，比在社会上的培训班交的费用更多。

宇辰很不乐意去周老师家里补课。他更喜欢按珞珈山上初中母校的校长讲的那些方法去做，觉得那些方法比去周老师那里或其他地方补课有用得多。但是，他不去补课又怕得罪周老师。在班上，凡是得罪了周老师的学生和家长，周老师就会找各种茬整治学生，把学生搞得在班上抬不起头来。宇辰觉得周老师对自己还不错，他不想带头不参加补课，也是怕周老师在他身上找茬。宇辰不知道，自从知道周老师有“收礼”的爱好之后，宇辰的妈妈隔三差五地要给周老师表示表示。女士用的化妆品、手提包之类的东西，宇辰的妈妈有的是，也是别人礼尚往来送的。

周老师这样“治理”学生，家长们都愿意把孩子送到她的班里，就是因为她管班以严出名，学生都怕她。哪一个学生不认真学习就会被“修理”，这样也能出一些成绩。现在大多数家长，是只要孩子的成绩，不管孩子的身心健康的。尽管那些家长嘴上不承认，但实际上就是这样。

三个中学生就这样度过了一个不同的寒假，这是他们高中生活的第一个假期。天天充满了快乐，卓凡学会了逃避，宇辰满脑子的无奈和叹息。

他们就是这样带着不一样的情怀，走向新的一年的春天。

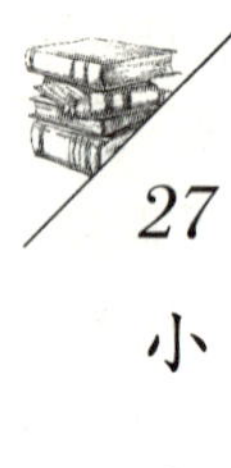

27 小事

3月的珞珈山，春暖花开。大学里的师生在山上读书学习的多起来了，山上的石凳上都坐满了人，校外的游人也夹杂在其中。还有一些大学生用书包帮同学占着位子。我登上山时，卓凡、宇辰和天天已经围坐在山腰的一处石桌边读英语。他们为我占了石桌旁空着的一个凳子。我走过去之后，天天把书包从凳子上拿起来放在桌子上，三个学生齐声说："校长好！"

我坐定后，三个学生开始告诉我他们这一段时间的学习、生活和所思所想。

卓凡实话实说："我这个寒假迷上了电子游戏，爸爸妈妈还不知道，他们逼我做我不愿做的事情，我就欺骗他们。"

宇辰说："我们周老师让我和一些同学'被补习'。我们开始对她产生反感，有一个同学算了一下，她这个假期为我们补课赚了两万多块钱。这个同学想告她，被我们其他同学劝阻了。"

天天说："我寒假去了农村老家，帮爷爷奶奶把老屋粉刷一新了，多数时间在放牛。我返城的时候，爷爷奶奶舍不得我走。他们哭，我也哭。我从老家带了好多农村置办的年货，还给校长和卓凡、宇辰都带了一份。"他一边说，一边指着桌上的塑料袋。三个大袋子鼓鼓的，还真装了不少东西。

卓凡和宇辰的话，让我很为他们的成长担心。卓凡的爸爸妈妈教育儿子的做法，会让儿子走向他们愿望的反方向。宇辰的老师的做法，不仅丢失了自己在学生心目中的形象，而且会给一部分学生带来成长的心理阴影。这个年龄的学生，他们就是通过家长、老师等身边的人来了解社会的。老师的一言一行，在他们心目中有着很重要的地位。

但是，珞珈山课堂只是一个自由讨论问题的课堂，不是一个我行使校长权力的时间和场所。再说，卓凡和宇辰已经不是我工作的学校里的学生，家长不再是我的学生的家长，老师自然也不是我的同事，我干涉不了他们对孩子和学生的教育行为。

我只能以谈话的方式，对他们提出一些我的建议。在他们讲完之后，我对他们说："人生的一些成功和失败，大多是从一些很小的事情开始的。我们日常举手投足之间，决定着、影响着自己的人生走向。这就是我今天要给你们建议和提醒的内容。我们不要让自己追求成功的梦想，毁于那些不被我们重视的小的行为之中。”

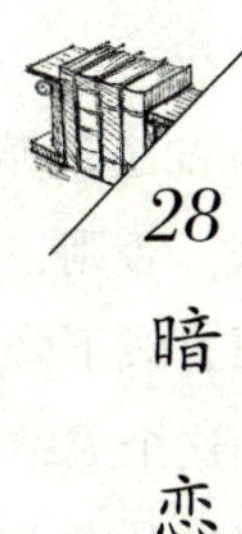

28 暗恋

卓凡在珞珈山上听了校长关于成功于举手投足之间的讲课，细细想一想自己上学期期末考试的失败，想一想寒假偷着去打游戏，想一想考试前在课堂上对女同学小霞莫名其妙的魂不守舍，觉得校长说得很有道理。

卓凡想是这样想，但他并不觉得自己有什么不对。如果小霞愿意和他说话，愿意与他讨论问题，愿意接受他的帮助，他会这样吗？他觉得是因为小霞不理他才使得他这样的。他心想：我又没有说什么，你干嘛躲着我？

至于对付爸爸妈妈要他补课的办法，他更觉得是爸爸妈妈的错。

自从卓凡上高中以来，家里只要一家三口在一起，基本上是处于冷战之中。谁也不和谁说话，各自做自己的事。只要有事提出来商量，三个人的言语都充满火药味。绝大多数是关于卓凡学业的事，没有一件是让卓凡高兴的。

卓凡的爸爸妈妈还不知道他暗恋着同班女同学，也不知道他上网吧打游戏。否则，他们会气疯的。他们只知道卓凡的考试成绩直线下降，期末考试连学校划定的重点线都没有过。这个成绩离他们对卓凡的期望太遥远了。他们是期望卓凡考上清华北大的，这样下去连一般重点大学都上不了。他们陷入了一片沮丧和迷茫之中。

他们不知道从哪里着手可以提高卓凡的学习成绩。在他们看来，选择一个省内最好的学校，在最好的学校里选择最好的班，花钱让儿子去补习功课，送儿子进奥数培训班，这些是把儿子送进清华北大的有效途径。东湖师大附中每年有 20 多名学生能够考上清华北大，为什么他们的儿子就不行呢？

在他们眼里，儿子的智商肯定是没有问题的。他们的遗传基因多么好啊！20 世纪 80 年代卓凡的爸爸是东湖大学法律系的高材生，卓凡的妈妈是北京广播学院的美才女。他们的儿子的智商不会低啊！

学法律的人喜欢认死理。卓凡的爸爸认为，儿子的成绩不好，是因为儿子没有用功，别的什么都扯不上。

主持情感节目的电视人认为，情感才是影响和改变人的行为的关键因素。卓凡的妈妈认为，儿子考试成绩下降，是因为丈夫和儿子沟通不够，对儿子关心太少。子不教，父之过嘛。

为儿子成长的事，卓凡的爸爸妈妈不知道在家争吵过多少次。从小到大，卓凡基本上是在他们的争吵声中一路走过来的。好在他们吵归吵，没有像别的同学的爸爸妈妈吵到离婚的地步。他们为一件事吵几天，也就不了了之了。

这一次不同，卓凡的成绩下降得这么厉害，这在卓凡的妈妈看来，是家里天大的事，比她在电视台从收视率最高的文艺类节目主持人，被调整为二流收视率的情感话题类节目主持人还重大。

几个月来，卓凡的妈妈天天在家里与卓凡的爸爸唠叨这件事。她要卓凡的爸爸帮儿子想办法。卓凡的爸爸总是说："我有什么好办法呢？又不是我读书。"卓凡的妈妈说："不是你读书，难道他不是你的儿子呀？你不能管一管吗？"

4 月中旬，卓凡的爸爸接手了一个案子。案子并不是太复杂，但是委托人翻来覆去的陈述，让他很烦心，所有陈述的东西缺乏有力的证据。过不了几天就要开庭了，他准备的材料还差关键证据。一天吃过晚饭，卓凡的爸爸在客厅里抽烟。卓凡的妈妈洗完碗筷从厨房里出来，说："只知道一天到晚抽，抽，抽，满屋子乌烟瘴气。抽烟能让儿子的成绩提高吗？"

卓凡的爸爸已经习惯了这种唠叨，一副无动于衷的样子。卓凡的妈妈看了很是来气，说："跟你说话呢？你管不管你儿子的成绩呀？要不我们今天去学校找一下杨老师？马上就要期中考试了，儿子又考不好怎么办？”说着用手去拉卓凡的爸爸。

卓凡的爸爸正烦案子的事，再说他也实在想不出用什么办法来提高儿子的学习成绩，觉得能够做到的，他和妻子都做了，剩下的归儿子去做。他把妻子的手甩掉，说：“什么怎么办？我怎么知道怎么办？我不去！要去，你去。”

“他不是你儿子呀？”

“是不是我的也说不定呢，现在网上不是说老婆肯定是自己的，儿子不一定是自己的吗？”卓凡的爸爸因为不想出门，想缓和一下气氛，开玩笑地说。

“什么？你居然说儿子不是你的！你有没有良心啊？我读大二就跟了你了，你居然说出这样的话！”卓凡的妈妈说完，一屁股坐在沙发上哭泣。

卓凡的爸爸自知失言，忙向妻子赔不是。

卓凡的妈妈不依不饶，非得要丈夫说清楚。丈夫怎么解释是一句玩笑话也不行，不得不“投降”。他说：“老婆，别哭了，哭坏了眼睛明天还怎么主持节目？起来，我陪你去学校找杨老师还不行啊？”他把妻子从沙发上扶起来，要妻子洗把脸，准备出门。

卓凡的爸爸开车，夫妻俩一路无语。丈夫还在琢磨案子，妻子在琢磨儿子的成绩。

29 同桌

到学校的时候，杨老师正在上晚自习。他们不敢去找卓凡，因为卓凡给他们下过“命令”，不让他们去学校找老师。夫妻俩就在校园的塑胶环形跑道上散步。

在这样一个春天的夜晚，一对中年夫妇在校园内散步，空旷的操场里一片寂静，4 月的晚风吹在脸上，不暖，也不凉。不远处教学楼里，学生夜读的灯光映照过来，他们的影子在操场上静静地移动着。这情景，不由地让卓凡的妈妈想起自己年轻时读书的时光。

卓凡妈妈的心情与这个夜晚很不协调。她觉得儿子的成绩变成现在这个样子，她和丈夫都有责任。她甚至后悔自己年轻时不应该读北京广播学院，不应该做电视节目主持人。而是应该读东湖师范大学，应该在中学教书。那一年，她的高考成绩超过东湖师范大学录取线 30 多分呢。如果读了师范，她就不会面临被新人取代的压力。她就会像杨老师一样，教书的时间越久，经验越丰富，越受学生和家长的喜爱和尊重。

他们想着各自的心事，两人无语地在操场上走了一圈又一圈，直到学生下了晚自习，他们才来到杨老师办公室。杨老师给他们每人倒了一杯水，说："我知道你们为什么而来，我先给你们看一样东西。"说完杨老师打开电脑，打印了一份卓凡学习成绩跟踪分析表。

卓凡的爸爸和妈妈拿着这份有三页纸之多的分析表，对杨老师的感激与敬佩之情油然而生。在这份表里，卓凡读高中以来的历次大小考试成绩，每一次每一科所考的重要知识内容，卓凡失分的知识点，各科老师针对卓凡失分的知识点所采取的辅导措施，等等，都记载得非常详细。他们没有想到，在如今物欲横流的社会里，还有老师这样不计报酬地对一个学生如此负责任。他所做的这一切都是春雨润物般地毫无声响，他做得是那样自然，那样细致入微，连学生自己可能都不知道。

他们还能说什么呢？还需要要求杨老师对自己的儿子给予什么特别关照呢？

等他们看完分析表之后，杨老师说："卓凡上学期期末考试没有考好，肯定不是学习本身的原因，而是思想或其他方面的原因。我找他问过，他不告诉我，我就不好再追问了。这个年龄段的学生，他们心里所想的东西不会全部告诉家长和老师。有些同学会自我调理好这种状态，调理好了学习成绩也就上来了。卓凡这个学期的几次小考都有一些进步。这样看来，他还是有一定的自我调理能力的。”

卓凡的爸爸妈妈觉得杨老师分析得有道理，他们也确实不知道再说什么才好，于是向杨老师告辞。

在与杨老师握手的时候，卓凡的妈妈有意使劲握了一下。一半是真心地感激，还有一半是一种说不清的情感。

卓凡的妈妈回到家，冲澡睡觉，不再为儿子的事与丈夫争吵。吵什么呢？该做的事情，杨老师都为他们做了。她躺在床上睡不着，老是在想，年轻时不应该做主持人的，应该去中学教书。

卓凡的爸爸妈妈去学校的第二天，杨老师又找卓凡谈了一次话，对他前几次小考的成绩进行了肯定，希望他思想上不要出偏差，要集中精力复习一下，争取期中考试考出好成绩。

卓凡说：“我想与小霞同桌，她各科成绩都很优秀，我想让她帮助我。”

“这个事情好办。”杨老师很爽快地答应了。

卓凡与小霞同桌之后，给小霞写了一封很长的信，主要表达了两层意思：一是请小霞在学习上帮助他，不要回避他。二是小霞家不在东湖市，父母远在深圳打工，如果生活上有什么不便，卓凡愿意帮助小霞。小霞在卓凡的信上写了两个字“谢谢”，将信退给了卓凡。虽然信退回了，但卓凡与小霞讨论学习上的问题时，小霞并没有拒绝。有几次，小霞忘了带饭卡，卓凡主动用自己的卡帮小霞刷了，小霞也没有拒绝。小霞在卓凡帮他刷卡后，偷偷把钱塞进卓凡的书包里，卓凡又原封不动地塞回去。小霞发现后，朝卓凡笑笑，也不说什么。卓凡觉得自己帮了小霞，心里很高兴。

期中考试成绩出来了，卓凡 604 分，比上学期有进步。小霞 693 分，仍居全班第一。

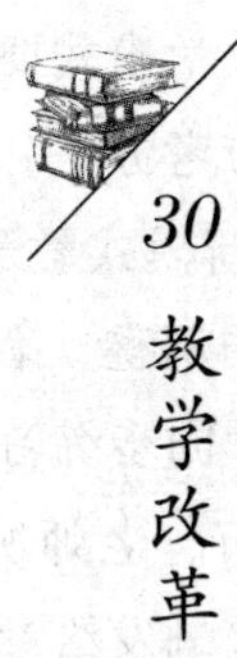

30 教学改革

我这一个月的主要工作，还是在校内推行课堂教学模式的改革。我选择了几个由青年教师担任班主任的班，要求在这些班教课的老师用新的课堂教学模式上课，老师一堂课只准讲 15～20 分钟，其余时间让学生自己学习。

期中考试成绩出来之后，几个推行新课堂教学模式的班级成绩都有了一定程度的下滑。学校里老师们的两种观点开始交锋。一种是新课堂教学模式如果继续推行下去，学生成绩还会下滑；一种是这种模式因为才开始，老师和学生都有一个适应过程，等过了适应阶段，学生成绩自然会提高。持这两种观点的老师有一个共同的观点，就是新课堂教学模式确实调动了学生的积极性，提高了课堂教学效率和学生学习效率，还在一定程度上减轻了学生的学习负担。

我在期中考试质量分析会上，讲明了我的观点与要求：第一，新的课堂教学模式要坚持推行下去。第二，要研究新模式下的应考办法。第三，学校教科处要继续对每一门学科的新模式教学进行总结、反思，在教学工作中作出必要的调整。第四，各年级备课组要集中备课，编印好教学同步练习，杜绝从校外买资料发给学生做练习。第五，老师所编印的同步练习，由学校按出版社双倍的稿酬发给参加编写的老师，不允许把费用摊到学生身上。讲完这些要求之后，我说："我们探索新的课堂教学模式的目的，是为了调动学生学习的积极性和主动性，也是为了提高学生的考试成绩。大家一定要在提高课堂效率上下功夫，达到提高学生考试成绩的目的。切不能为了提高考试成绩又回到题海战术的老路上去，无节制地增加学生的学业负担。"

在目前的教育体制下，一个校长和老师，不管你有多么先进的教育理念和良好的教学方法，最后都要用学生的考试成绩来检验，否则家长就不接受你的这种理念和方法。这种检验方法对校长和老师来说，倒还有合理的一面。但是，对于一个学生来说，如果我们仅仅用他的考试成绩来作为检验他是否优秀的标准，那是很不合理的，对学生的心理摧残是非常大的。作为一个校长，我感到比较无奈的是，现在我们大多数老师和家长，就是用这唯一的标准在考评学生和孩子是否优秀。也就是说，这些人在自觉或者不自觉地做学生心理成长的摧残者。

我很希望珞珈山课堂的三个学生能够不受这种摧残，所以，每次考试成绩出来，我刻意回避天天的考试成绩，也不在校内主动和他讨论成绩方面的话题。

当然，学生们是非常关注自己的考试成绩的。这个月的珞珈山课堂，三个学生肯定会向我汇报他们的期中考试成绩。

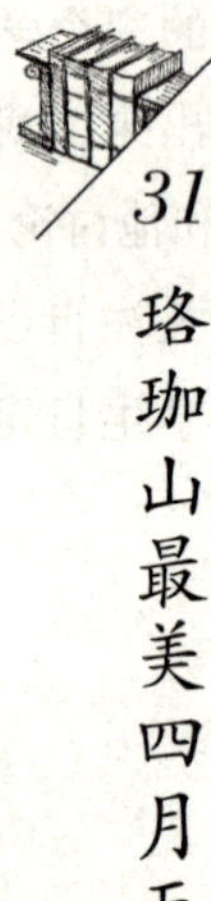

31 珞珈山最美四月天

每年4月的珞珈山下，是樱花盛开的时节。樱花大道两旁，灿烂的樱花多彩多姿，在深绿色的珞珈山的背景的映衬下，怒放的樱花展现出了她别样的妩媚。这在全国是独一无二的景致，吸引了东湖市内外的游人蜂拥而来。游人拿着相机，背着背包，从四面八方拥向往日平静的东大校园。樱花节的那些日子，东大校园成了花的世界，人的海洋。整条樱花大道上，人们像挤公共汽车那样，前胸贴后背，一个紧挨着一个。这恐怕是中国乃至世界所独有的景观。往日几分钟就可以走完的路，这个时节得一两个小时。

为了避开早晨 8 点游人的高峰时段，我 6 点多就从学校步行前往珞珈山。三个学生都是东大附中初中毕业的，知道樱花时节珞珈山的拥挤状况，也早早地到了珞珈山上。我上去的时候，他们已经在那里等我。天天今天带了相机，三个学生正在相互照相。

看见我上来，三个学生就向我跑过来，争先恐后地说："校长，我们合一个影吧。这么美的樱花，不照下来多可惜啊！"

"好啊，就在这棵樱花树下。"我说。

三个学生立即围拢过来。天天请离他不远的一个游客帮我们照相，他把相机交给那个游客后，跑回到樱花树下来合影。帮我们照相的游客举起相机，嘴里喊着"一、二、三"，我们齐声喊："茄子。"

照完相之后，天天从游客手中拿过相机，说了一声"谢谢"，就把照片调出来给我们看。照片里，樱花灿烂，我们四个人的笑容也灿烂。

我们围在一个石桌旁坐下来，三个学生告诉了我他们的期中考试成绩。卓凡 604 分，宇辰 540 分，天天 620 分。

卓凡说："校长，我换了一个同桌，是一个女同学。她的成绩特棒，这次期中考试成绩 693 分，比我多了 89 分。我现在暗地里在向她挑战，想赶上她。"

"好啊，那你得有行动。现在她的成绩比你好这么多，说明她在学习方法和态度等方面有值得你学习的地方。你先要向她学习，等赶得差不多了，再向她挑战。”我说。

“我也觉得现在说挑战还有一点自不量力，但是我不服气，她一个女生凭什么成绩那么好？”

“不服气可以，但不能从思想上瞧不起女生哦。这一点我可不赞成。”

“我说错了。我不是瞧不起她，我是有一点喜欢她。想到自己的成绩不如她，我就不服气。”

“打住，你喜欢到什么程度？”

“就是我上次告诉你的那个程度。她对我什么感觉都没有，我是暗自喜欢，要求老师把我们的座位调到了一起。”

“你与她一起学习可以，我上次已经告诉你了，高中时期千万不要有别的想法。”

“我知道，校长。我这次成绩比上次期末多了 59 分，就是因为我现在上课已经安心听讲做练习了。特别是我的同桌，她坐在我旁边，我无形之中有了与她在成绩上比高低的动力。”

“这就好。”

在我与卓凡说话的时候，宇辰和天天一边听，一边笑。宇辰说：“卓凡你就向校长坦白了吧，是不是有女朋友了，她叫什么名字？”

天天也附和着说：“下个月把你的美才女带到珞珈山上给我们和校长看一看。”

卓凡要起身与他们“干仗”，手里拿的书已经举得高高的，要朝他们的头打下去。

我说："好了好了，别开玩笑了。卓凡你也不要在意。先让他们俩坦白。"

卓凡听我这样说，就又坐下来，朝宇辰和天天做了一个鬼脸。

宇辰说："我还真喜欢一个女同学，她叫周丹，成绩没有我好。长得眉清目秀的，开朗大方，是我们班里的文艺委员。我不喜欢她的一点就是爱出风头，这一点与我正好相反。"

"她知道你喜欢她吗？"我问。

"当然不知道了。我估计我们班有几个男生喜欢她，我都没敢和她多说话。"

"你这与卓凡一样，都是青春期很正常的心理现象。不要紧，过一段时间就会没事的。你就停止在这个程度，不能再往前进了啊。"

"我知道，校长不是要我们无话不说吗？我都不敢告诉爸爸妈妈。他们要是知道我有这样的想法，肯定说我这是邪念。"

"家长是希望你一心一意学习，考一个好大学，你也要理解。"

"我知道。"宇辰总是喜欢说我知道。他接着说："不说我了，说天天吧，他的成绩提高不少啊。"

"我这次期中考试是全年级第二名。我的同学妮妮是第一名。"天天说。

"你和妮妮比翼双飞呀！"卓凡和宇辰认识妮妮，他们都是初中同学。听了天天的话，这两个家伙也开起了天天的玩笑。

“妮妮考了 648 分呢！比我多 28 分，我虽然说是第二名，但与她的差距是很大的。什么比翼双飞，见你们俩的鬼！要飞，你们与她飞去。”

三个家伙在我面前说笑着，已经全然没有了几个月前我在珞珈山刚遇见他们时候的拘谨。

“看样子你们今天的心情都不错呀！这春天的樱花也让你们三个家伙的心情绽放了。”我也被他们感染了，说：“这样吧，今天我们就不往下讨论了，我们下山去樱花大道照相吧。我今天给你们的建议是：珍惜异性同学的友情。文章我已经打印好了，你们拿回去看吧。”

说完，我们一同站起来，走下珞珈山，加入到赏樱花的游人大军之中。

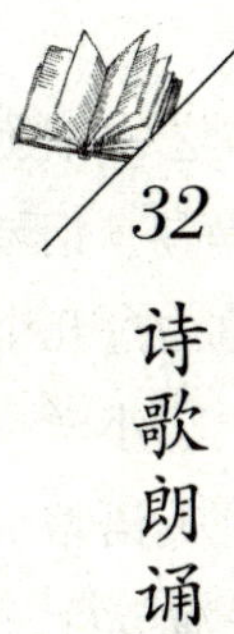

32 诗歌朗诵

宇辰在珞珈山课堂上听了校长给他的建议，觉得校长真是说到了他的心坎里。他对周丹那种微妙的情感，被校长一语说透了。他心里有了自己的主意，要把周丹作为自己高中时期最要好的朋友之一。

五四青年节就要到了，学校从各班挑选节目参加五四晚会。宇辰想借此机会加深与周丹的友情，他向周丹提出要与她共同表演一个节目，周丹毫不犹豫地答应了。

周丹说："我还要参加全校晚会的组织与策划，我们俩的节目就由你策划，我参与就行了。到时候我开一点小后门，保证我们的节目能参加学校晚会的演出。"

周丹既是班里的文艺委员，又是校学生会文艺部的成员，五四晚会就是她与几个同学在具体负责，这些天她也确实够忙的。宇辰当然只好自己来筹划自己与周丹的节目。

宇辰其实并没有多少艺术细胞。小时候爸爸妈妈倒是要他参加过一些小提琴、钢琴之类的培训班，但是，他总是不愿意，被迫去过几个培训班，也是三天打鱼，两天晒网。后来上了小学，爸爸妈妈送他去的培训班就是语文、数学、英语培训班了。因此，现在虽然鼓起勇气要与周丹表演节目，周丹也给了他面子，答应与他一同表演。但是，他却不知道表演什么才好。

他想写一个小品，构思了几次，都是必须有两个以上的人物，才能表达他所想表达的创意，而他又不想别人参与到他和周丹的演出中来，所以小品的构思被他自己否决了。他去征求周丹的意见，周丹大大咧咧地说："我忙死了，你想表演什么节目，我都愿意配合，只要不演谈恋爱的就行。"周丹就是这样的性格，与同学关系都处理得不错。她总是会用这种玩笑语言，在同学之间游刃有余。在宇辰看来，周丹能这样爽快，又完全信任地与他表演节目，表明周丹对他是有一定的好感的。

宇辰想去找周老师，让周老师帮他出一点主意。不过，他近来觉得，周老师对他的态度又有了一些变化。他走到周老师办公室门口，又停住了脚步。周老师总是对他一会儿热，一会儿冷的，让他丈二和尚摸不着头脑。他曾经与几个同学讨论过这个问题，同学们与他的观点一样。周老师有时对他们好得不行，有时又像漠不关心他们似的。他们哪里知道这是家长在背后的“作用力”在发生影响呢？

宇辰决定去找语文老师，语文老师才华横溢，是同学们非常尊敬的一位老师。他讲课从来不看教材，所有讲授的课文，他几乎能背诵，不管是诗歌、散文，还是政论文、小说，更不用说那些让他背起来摇头晃脑的古文。仅这一点，同学们就对他佩服不已。更令同学们佩服的是，他讲作文课，几乎全部是以自己的文章举例。这一点在同学们看来，也并不多见。此前他们还没有见过一个老师自己写了那么多文章，而且各种文体都有。

宇辰来到语文组老师办公室的时候，他的语文老师正在给他们改作业。宇辰说明来意，语文老师说：“这还不好办，你自己创作一首诗，你和周丹来一个诗歌朗诵不就行了。既简单，又能发挥你和周丹共同的特长。”宇辰一摸脑袋，觉得语文老师说得很有道理。写诗他不在话下，周丹的朗诵能力在全校也是屈指可数的。

他把这个想法告诉周丹，周丹也挺高兴。她说：“五四晚会学生会已经决定由我主持。现在再加一个诗歌朗诵，无非就是多说了几句话而已。”周丹总是把话说得那样轻松。这一点也是让宇辰喜欢她的地方，不像有的女孩子，很小的一件事都当成大事，非常慎重似的。

宇辰晚自习回家后熬夜写了一首歌颂老师的诗《忠诚之歌——献给我们的老师》。他拿到学校请语文老师和周丹帮他推敲了几次，最后定稿。

五四晚会是在学校露天体育场举行的，全校师生和家长都应邀参加，有几千人的规模。宇辰因为自己有节目，特地嘱咐爸爸妈妈一定要到场为自己捧场。宇辰的妈妈那天晚上本来要出差，听说儿子有节目，就把飞机票改签到第二天上午。当晚，听到主持人周丹报节目："下一个节目，配乐诗朗诵。作者王宇辰，朗诵者周丹王宇辰。"宇辰的妈妈马上拿出摄像机跑到舞台前面，为儿子录像。

晚会那天，宇辰穿着深色燕尾西装，打着领结，一副绅士风度。周丹穿着拖地白色连衣裙。两人声情并茂地在舞台上歌颂自己的老师。朗诵结束后，台下师生报以热烈的掌声。

当儿子的表演赢得台下此起彼伏的掌声时，宇辰的妈妈从心里涌起一股暖流。儿子的诗写得好，周丹和儿子朗诵得也好。特别是周丹，落落大方，声音有厚度，不像一些小女生，靠嗲声嗲气吸引人。她的个子与宇辰也差不多高，人长得也漂亮，有一种大气的舞台风格，应该受过一定的专业训练。倒是儿子宇辰，虽然诗写得不错，但朗诵起来还是有些业余。

晚上回到家，宇辰还沉浸在晚会的兴奋之中。妈妈问他："那个与你一起朗诵诗的女孩周丹，怎么从来没有听你提起过？人家可比你朗诵得好多了。不过我的儿子的诗写得还是很能感动人的。你们配合得不错。要不要妈妈给你一点什么奖励？”

宇辰一边准备去冲澡卸妆，一边说：“奖励就不必了，什么时候你不唠叨了就是对我的奖励。”

妈妈一只手朝儿子的头轻轻打下去：“怎么？又嫌妈妈唠叨了，是不是？你还没有回答我的问题呢！”

“周丹出身于播音家庭，她妈妈和姥姥都是播音员。她是我们班的文艺委员，是我们班里的班花。”宇辰装出一副很随意的样子。

“我在台下听学生们议论，说是你小子主动要人家和你同台表演的，是不是？”宇辰妈妈追问说。

“无可奉告。”宇辰说完进了卫生间。

宇辰从卫生间穿着睡衣出来的时候，妈妈似乎还想与他说些什么。他没有理会妈妈，只是冲着妈妈做了一个鬼脸，就走进自己的房间，关上门，妈妈自然也就不再言语了。

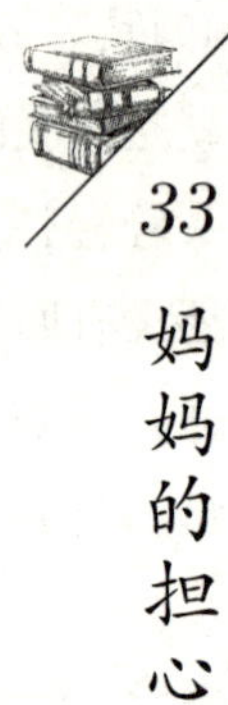

33 妈妈的担心

第二天坐在飞机上的时候，宇辰的妈妈闭着眼睛，想着儿子昨晚的表演，其实更多的是想着儿子的女同学周丹。她觉得这个女孩子气质不错。她甚至想到了儿子今后会找什么样的女朋友来给她做儿媳妇。当想到这里的时候，她的心里突然一亮。都说现在的中学生早恋，自己的儿子莫不是也在和周丹搞早恋吧？他们现在还是高一的学生，早恋肯定会影响他们的高考，继而会影响他们的人生前途的。她这样想着，就又为儿子担心起来。她闭着眼睛，脑子里满是周丹与儿子朗诵诗歌时的样子。她决定出差回来后，一定要找老师和儿子的同学，侧面了解一下儿子和周丹的关系。如果有早恋，她要坚决地制止他们继续往下发展。

宇辰的妈妈出了两天差，就心急火燎地回到东湖市。本来她应该跑几个城市的大客户，与有业务往来的企业核对今年第一季度的账目往来。在走访完这次出行的第一个客户单位之后，她安排财务部经理和会计继续行程，自己则以身体不舒服为由返回东湖市。她担心自己的儿子早恋。她从书上看到，也从身边听到，高中生早恋既普遍，又恐怖。据东湖市中学生家长网上家长们的不完全统计，每年东湖市有10多名高中生，因为早恋得不到家长支持和老师同学的理解而殉情。她担心儿子和周丹合演了节目之后，彼此产生好感。如果不把他们这种想法扼杀在萌芽状态，就会夜长梦多。

宇辰的妈妈带着出差带回的礼物，专门到东湖实验中学，拜访宇辰的班主任周老师。她与周老师已经很熟悉了，刚开始给周老师礼物的时候，周老师还有些推辞。现在就没有那些客套话了，收完礼物就直奔关于宇辰教育的主题。

宇辰的妈妈不敢直接问宇辰是不是有早恋现象，而是委婉地说："周老师，宇辰这段时间思想状况怎样，能够安心学习吗？"

周老师回答说："还好啊，前一段时间他主动参加了五四晚会，学习劲头挺足的，没有看出有什么思想波动。不过有同学告诉我，说宇辰参加五四晚会是为了追周丹，我觉得不像。周丹是一个性格外向的女生，谁要与她表演节目她都不会拒绝的，何况是宇辰呢？

宇辰成绩那么好。但是，这不能说明什么。要不我找宇辰谈一次话了解一下。”

“不用不用，同学之间在一起演一个节目很正常，别因为我们把他们的关系搞复杂了。”宇辰的妈妈一方面想了解儿子的思想状况，一方面又担心对儿子造成不利的影响。她甚至有点后悔来找周老师，这样冒冒失失地打听儿子的情况，要是让儿子知道了，还不知道儿子会怎样看她。

想到这里，宇辰的妈妈就说：“我主要是前两天出了一趟差，给您捎了一点礼物，就来学校送给您。宇辰的思想和学习状况还请您多关心关心。我也没有什么具体事，就先走了。”

周老师说：“没关系，有事我会及时与您联系的。”

宇辰的妈妈听了周老师的话，心里更加不踏实。周老师转述的同学们的话，不管是真是假，至少有这样一种苗头，连同学们都看出来了。这可怎么办啊？

她决定利用下晚自习接宇辰的时候，在校门口与一些家长们侧面了解一下，看宇辰的一些同学的家长们听孩子们说过宇辰和周丹的事情没有。

东湖实验中学晚上9:00下晚自习，每天晚上8:30就有家长早早地来到校门口。家长们一方面等自己的孩子下自习，一方面与别的家长聊一聊孩子的教育问题。时间一长，校门口好像成了家长沙龙。宇辰的妈妈本来不用来接儿子，因为她在离学校不远的小区租了房子，儿子下自习后几分钟就可以回到家。但是，有时候她在租住的房子里没有什么事可做，就干脆下楼，步行几分钟来到学校门口接儿子回家。来了几次之后，就与其他家长聊上了。好多家长在一起，你一言我一语地谈论子女的教育问题，交流各自的育子心得，她觉得也有一些益处。后来，只要没有什么事，每天晚上 8:30，她就自觉不自觉地来到校门口接儿子了。她这样做，还有另外一个原因，就是要让儿子知道，他的妈妈是爱他的。虽然只有几分钟的路程，妈妈也要来接儿子。她喜欢儿子背着书包，从校门口出来叫她妈妈的那种感觉。

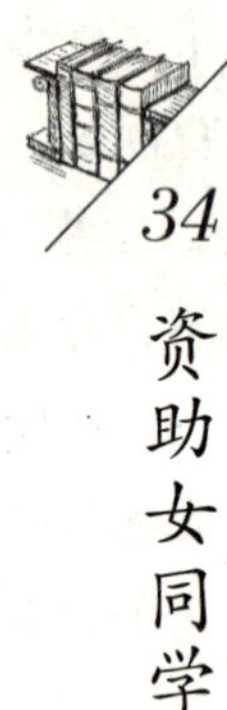

34 资助女同学

家长们在校门口三五成群地站着，基本上是以年级或以班为群。宇辰班里常来接孩子的几位家长，宇辰的妈妈与他们都比较熟悉了。

“你的儿子不错呀！能写那么好的诗。”一位家长对宇辰的妈妈说。

“哪里哪里，他胡诌了几句，还不是语文老师帮他改的。”宇辰的妈妈自然是谦虚一番。

“那个与宇辰一起朗诵诗的女孩朗诵得真好！听说她妈妈是播音员，怎么从来没见过她妈妈来学校啊?”另一位家长说。

“现在电台播音都是直播，播音员三班倒，说不定这时候那个女孩的妈妈正在当班呢！”又一位家长说。

“唉，现在孩子们读书不容易，父母也不容易。前几天听儿子说，他们班上有一位女同学的父母双双下岗，他们在孩子很小的时候就离异了，母亲外出打工后就再也没有音讯，父亲在女儿收到高中录取通知书之后，就给女儿留下一封信也离家打工去了。直到现在已经一年了，也没有与女儿联系过。”这位家长一边说一边哀叹：“生活再难，也不能不管孩子呀！”

“那孩子靠什么上学呀？”宇辰的妈妈问。

“据说校长知道了此事，免除了那个女孩所有学费，还给了2000元生活费。这样，那个女孩子才度过了高一的两个学期。2000元钱一个女孩子要过一年，也不容易啊！”还是刚才那位家长答道。

“你知道那位女孩的名字吗？”宇辰妈妈迫不及待地问。这句问话完全是自然地从嘴里蹦出来的。她也没想到过有答案，她知道宇辰应该知道是谁。这时候，她已经不关心儿子的早恋问题了。她没有想到宇辰的同学中，还有这么艰难的孩子，她想每月支持这个女孩一些生活费。两三百元对宇辰来说，可能就是少进一次餐馆，而对这位女同学，则是30天的温饱。她这样想着，不再参与家长们的谈话，而是走到另一旁，想自己的心思。她10多岁从农村到县体校读书的时候，生活费也是紧巴巴的。她能体会到这个孩子的难处。

从校门口出来的时候，儿子在灯影下，仍然像往日一样，远远地叫着妈妈向她奔来。她享受着这种感觉。

“你不是说要出差好几天吗？怎么今天就回来了？”儿子问她。

“想儿子嘛。”她搂着儿子的腰说。她原来是喜欢把手搭在儿子肩膀上的，但儿子上初中以后，一天一天长高，个子已经超过她了，肩膀都搭不上去了。

“我有什么好想的。你不在家我还高兴些，免得有人总是唠叨。”儿子一边说一边与妈妈往租住房走去。

“儿子，我问你一个问题，你们班是不是有一位同学的爸爸妈妈外出打工没有音讯？”妈妈问。

“是啊，是一位女同学，叫黄敬宣，我们班同学都很关照她。比起她来，有一个唠叨的妈妈还是比没有的好啊！”儿子说着，头朝妈妈这边歪了歪。

第二天儿子上学的时候，妈妈交给他一个信封，请他交给黄敬宣同学。那里装着宇辰妈妈昨夜写给黄敬宣同学的一封信，还有一张银行卡。她准备从现在起每月给这个卡打 500 元钱，直到黄敬宣高中毕业。那是一个长期没有使用的银行卡，本来准备找个时间注销的，没想到现在正好派上了用场。

儿子上学之后，她准备去上班。回想这几天对儿子早恋的担心，她觉得可能是自己多虑了，儿子挺正常的，上学放学与原来没有什么区别。她庆幸自己没有像有些家长一样听风就是雨，横加指责，把孩子们之间没有的事搞成事实。

宇辰的妈妈上班之后，还是有些放心不下儿子早恋的事情。她在办公室给我打了一个电话，讲了儿子与女同学朗诵诗歌，还有同学和老师的一些议论，也讲了她的担心。我告诉她说：“你这种担心是一般家长都有的，但你一定不要在孩子没有主动对你讲什么的时候，就横加干涉和指责。宇辰这个孩子我了解，应该不会早恋，顶多是对女同学有一些好感。”我不敢告诉他我与宇辰有珞珈山课堂。我也不敢说我对宇辰有很深的了解，因为宇辰是我过去的学生，现在高中不在我们学校上了。宇辰的妈妈之所以还给我打电话，是因为她听过我的几场关于孩子教育的报告，所以愿意与我探讨一些关于儿子教育的问题。

35 进什么班都不重要

在学校里5月是一个比较特殊的月份，高一年级要准备分班，高三年级要准备高考，高二年级要做好进入高三年级复习备考的准备。这是一个让校长、让师生、让家长煎熬的时节。

在这样的时节里，我没有休完五一长假，就来到学校，着手准备五一之后学校的各项工作安排。我也利用假期，思考着这个月给三个珞珈山课堂的学生以怎样的建议。

这个时候他们关注的，肯定是自己下个月期末考试之后，会分到什么班？他们应该选择读文科还是读理科？学校对各类成绩的学生是平行分班，还是分重点班和平行班？

说句老实话，每一次分班，对一些学生心理是一次打击，无论是成绩好的还是成绩差的。特别是对那些成绩不是太好，而家长和学生自己订的目标又很高的学生，打击是最大的。作为校长，在目前的高考体制下，我对于分班总是有一种无奈之感。高二的时候分不分文理班，分不分重点班，无论怎样选择都有一定的道理，都有其合理存在的一面，没有什么两全其美的办法，到最后都要用高考成绩这个尺度来评价学生，评价学校。校长当然不敢忽视这个尺度的存在。但是，相对于学生的终身成长而言，这个尺度不是唯一的。

带着对这些问题的纠结，我走上了5月的珞珈山。

5月的珞珈山，又是一番新的景象。樱花已经完全凋谢了，樱花树上长满了心瓣状的绿色的叶子，叶子嫩嫩的，在5月的阳光下舒展着，随风摇曳着，同样向人们展现着春天的气息。与樱花的热情奔放和灿烂多姿相比，樱花树叶更显示出一种冷静成熟和葱郁茁壮。如果打一个不太恰当的比喻，樱花像女人，风情万种，樱叶像男人，稳重可靠。这两种让人产生不同联想的东西，一先一后地长在樱花树上，委实让我惊叹造物主的奇妙与伟大。樱花树与别的树不一样，它先开花，后长叶，花谢叶长。别的树，是先长叶后开花，花与叶要在树上同时存在一段时间，一般是花后开先谢，叶子陪伴着花开花落的全过程。

三个学生像过去学习紧张的时候那样，比我到得早。他们围坐在一个石桌旁，用书包给我占了一个座位，各自读书或是做练习。看见我走过来，三个学生一起站起来，说："校长好！"

"同学们好！"我来到他们身边的石凳上坐下。

卓凡继续做着数学习题，看样子是一个题目没有做完。宇辰在背古文，天天在读英语。天天说："算了吧，卓凡，别做了，校长又不是来检查作业的。"

"我就不信这个题目我做不出来。"卓凡像是在回答天天的话，又像是在自言自语。

"你的那些习题刁钻古怪，我们都帮不上忙。你还是回学校去请教你们的奥数老师吧。"宇辰说。

卓凡这才抬起头，对我说："校长，不好意思，这个题目难倒我一早上了。从上山到现在，我也没找到它的解题路径。"

"没关系，你继续解也行，不解也行。"我对卓凡说。

"算了吧，我晚自习的时候去找杨老师。"卓凡一边说，一边把练习本合上。

"今天我们讨论什么问题呀？"我问他们。

"讨论分班吧。"三个学生异口同声地说。

"老师告诉我们，本学期期末考试之后，学校要按考试成绩重新分班，同时要选文科与理科。我肯定是学理科，但能不能分到理科重点班就很难说了。如果能进重点班，我肯定也是班上的后几名。我们班在杨老师的带领下是全年级最优秀的班，全班同学 600 分以下的只有很少的几名同学。我上学期期末考试刚过 600 分，这学期争取考好一点。”卓凡平时说话并不像今天这样一套一套的，看样子他对分班问题想了很多。

“我们学校也要凭考试成绩重新分班，也要分文理科。我虽然上次考试成绩不如卓凡和天天，但分到重点班应该没有问题。”宇辰说。没等别人开口，他又接着说：“我们班有不少同学讨厌周老师，希望分班的时候能分到别的老师班里去。我还好，周老师这个人对我时好时坏，我可以接受她。因为她很严厉，确实像一只母老虎，好多同学都怕她。我们听说她每次带高三，学生的高考成绩都是学校比较好的。”

宇辰说完后，天天一副很无所谓的样子。他说：“我比你们幸运多了，校长不让全年级同学打乱之后重新分班。我们刚上高中时，学校就要我们填了高考文理科意向表，高一分班时，就是按学生的文理科意向分的班，与你们学校一样，讲课不分文理科。高一升高二我们不再分班，那些要调整自己文理科选向的同学，可以重新填报一次意向，由学校调到他所要去的班。我们班只调整了 3 名同学到其他班，也新来了 3 位学理科的同学。这项工作我们期中考试之后就完成了。同学和家长都知道是校长决定的，都很感激校长。大家认为，学生与老师之间好不容易相互了解了，高二重新分班，师生之间又要有一个适应过程，必定给学生带来一些不适应。所以我觉得，我们学校的分班方法，比你们两个的学校要好一些。”天天说得很轻松，听起来还头头是道。我想肯定是他的班主任余老师把学校的分班意图对学生们进行了仔细解释。否则，天天也不可能了解得这样清楚。

三个学生谈完自己关于分班的想法，我并没有马上给他们提建议。在我看来，目前学生和家长都太在意分班了，尤其是要进什么重点班。我认为学校分一些有特色的班是可以的，把不同成绩的学生相对分几个层次组织教学也未尝不可。但有些学校那种认为重点班就是学校工作的重点，弃其他学生于不顾的做法，我是不赞成的。有些家长认为把学生送进了重点班，学生的学习成绩就会提高，个人修养就会增强，这也是一种愿望罢了。那些不适合进重点班的学生，进去了对学生可能不是帮助，而是一种伤害。应该说，我面前的这三个学生，成绩都还是不错的，按道理进重点班问题不大。我有些担心的是卓凡。不过，从今天的谈话来看，他们这种非重点班莫属，对重点班很看重的心态，我不是很赞同。天天在我工作的学校读书，我会按学生的意愿分班，不会作大幅度的调整，所以他的话说起来比较轻松。可是，假如他不是在我工作的学校呢？假如他要分到别的班呢？他能正确面对吗？我看不一定。在目前中学教育体制下，在社会对重点班的追逐中，一个高一学生能够平和地对待自己的分班吗？

想到这里，我觉得我们今天讨论的话题，已经不仅仅是分班，而是一个人对周围环境的一种生活态度。特别是高中生，他们面对生活的态度还处于形成期，受外部的影响会比较大。如果外部的环境发生变化，而他们又不能正确应对，这对他们的成长是很不利的。

三个学生讲完之后，我默不作声，他们都望着我，眼里满是疑惑的目光，好像在问："怎么？我们说错了什么吗？"

在他们疑惑与期待的目光中，我说："我今天给你们的建议是：有一张课桌就够了。在高中，什么重点班、平行班都不是重要的，重要的是你们要有一个良好的积极的学习心态，这比什么都重要。"

36 从重点班出来

东湖师大附中高一年级在期末考试之后，按学生的考试成绩和文理科志愿重新分班。全年级分出 4 个理科重点班，2 个文科重点班，其余为平行班。另外，学校为照顾各方面的关系，对外公布说分了 1 个理科次重点班，1 个文科次重点班。其实就是把那些学校得罪不起的关系户的学生集中在这两个班，由重点班的老师来教他们。这也是学校的无奈之举。

卓凡期末考试成绩为 596 分。这次重点班的分数线为 600 分，卓凡差 4 分，被分到了理科次重点班。他能进这个班，还是因为杨老师的“关系”。否则，他就只能进平行班了。杨老师本想仍然让卓凡进自己所带的重点班就读的，无奈学校一个关系都没照顾，完全是一刀切。他只是一个班主任，也就没有什么办法了。

杨老师那天在班里公布新的分班结果，卓凡所在的这个重点班调出了5名600分以下的同学，调进了5名600分以上的同学。卓凡在调出之列。

当听到杨老师念到自己的名字的时候，卓凡先是愣了一下，脑子里一片空白，接着站起身，收拾好自己的书本资料，把一大堆书抱在胸前。他没有朝新组建的次重点班走去，而是走到学生宿舍，蒙上被子闷睡。他能说什么呢？谁叫他没考到600分呢？这个时候，他又能说什么呢？一年前他进这个班就是照顾进来的。他其实已经很努力了，他几乎把所有的时间都用在了学习上，他实在不知道还有什么更好的办法能让自己的成绩达到600分以上。

东湖市这次期末考试划定的重点线是553分，卓凡的成绩超出重点线43分，已经是很不错的了。然而，在全省尖子生云集的东湖师大附中，这个成绩进不了重点班。这个结果对一个没有多少承受力的高中生来讲，心理打击太大了。

卓凡不吃不喝在宿舍睡了一天，同宿舍的同学给他打来饭菜，他根本不理会。同学们不愿把他的情况告诉老师，因为他们能理解卓凡。这种事情摊在谁的身上都受不了。

晚上杨老师查寝的时候，才了解到卓凡没有去新的班上课，而是在宿舍闷睡了一整天。他与卓凡说话，卓凡不理他。他费了许多口舌才把卓凡劝起来一同去吃夜宵。一路上，杨老师说什么话，卓凡都不言语。问他对分班问题怎么想的，他也不回答。杨老师给卓凡在离校门不远的夜市摊点买了一盘炒粉，一碗绿豆汤，卓凡一吃完喝完就又回学生宿舍睡觉了。

杨老师担心卓凡这样下去会出问题。他想立即打电话告诉卓凡的父母，但又担心这么晚了，卓凡的父母接到电话肯定会马上赶到学校来。尤其是卓凡的妈妈，也是一个没有多少承受力的母亲，对儿子的期望值又高，说不定听了电话又会生出什么新的事来，更让卓凡受不了。杨老师决定第二天再告诉他们。他把卓凡同宿舍的一个班干部叫出宿舍，叮嘱这名学生，要关心卓凡，有什么事要立即告诉他。

第二天，卓凡的妈妈准备出门去上班的时候，接到了杨老师的电话，得知了卓凡分班的情况。杨老师没有把卓凡一天没有上课的情况告诉她，只是说卓凡心里有想法，又不告诉老师和同学，请爸爸妈妈来学校劝一劝他。

听完杨老师的电话，卓凡的妈妈一边收拾出门的东西，一边自言自语地说："坚决不能进平行班，坚决不能进平行班。"

在一旁听老婆接电话的卓凡的爸爸，也听明白了是怎么回事，气冲冲地说："师大附中老是在重点班上把儿子折腾来折腾去，一点教育规律也不讲，我们告他们去。”

“你省一点心好不好？你别以为什么事情都是用法律手段可以解决的。你儿子当初进重点班就是照顾进去的。你什么事都办不了，一天到晚只知道开口闭口法律法律。”卓凡的妈妈对老公埋怨说。

“好好好，我不说。当初我就不赞成找什么杨老师，进什么重点班，平行班孩子的父母就不望子成龙吗？”卓凡的爸爸说。

卓凡的妈妈知道这样说下去又会吵一架。她今天上午要录制节目，下午送审，晚上要播，她没有时间与老公理论。对于她这个年龄的女节目主持人来讲，每一次录制节目都非常重要，弄不好就真的要退出主持人这个舞台了。她不敢想象不主持节目，她还能做什么事？所以，虽然是收视率不高的二档节目，她也还是要认真去对待的。她很无奈地对老公说：“你上午去看一下儿子，我把今天的节目录完送审后，再去找学校领导和老师解决问题。”

“儿子上学有什么好看的，要去你自己去。”卓凡的爸爸说完出门上班去了。

卓凡的妈妈摇着头，叹着气。夫妻俩一前一后地从家里出来，各自开着车，上班去了。

今天的节目录制还算顺利。录完节目，卓凡的妈妈从包里拿出手机一看，有好多个未接电话，都是杨老师打来的，她赶紧回拨过去。杨老师告诉她，卓凡在宿舍里睡了一天半了，他不去新班上课，也不吃不喝。卓凡的妈妈听见这消息，心都碎了。她想立刻赶到学校去，但是下午2:30是审节目的时间，万一要重录呢？晚上的播出时间是不能更改的。如果她不在，重录就会临时选别的主持人。在主持人领域，好多后起之秀都是“临时”之后取代前人的。她担心儿子，也担心工作。就是在这样的煎熬中，她终于等到节目审查过关。她急忙驱车赶到儿子就读的学校。

杨老师与卓凡的妈妈来到学生宿舍的时候，已经是下午5:00了。卓凡仍然躺在床上，两眼直愣愣地望着屋顶。妈妈与他说话，他同样不理会。妈妈要他下床去吃饭，他顺从地下了床，去卫生间洗脸刷牙，但就是不说话。

在卓凡去卫生间的时候，卓凡的妈妈对杨老师说：“杨老师，今晚我想请你陪儿子吃顿饭，帮我做一做儿子的思想工作。”

杨老师迟疑了一下，本想推辞，又想到卓凡现在的状况，欲言又止，算是默认了。

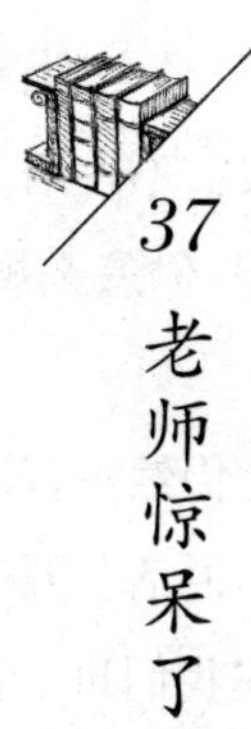

37 老师惊呆了

三个人走出校门，上了卓凡妈妈的车。车子没开几分钟，就停在南湖边上一个名叫“老屋”的咖啡屋门前。

东湖市可以说是一个水上城市，城市四面环水，东湖、西湖、南湖、北湖环绕在城市四周，城中还有十几处大小湖泊。有湖之处必有山，因此东湖市有山有水，风景如画。

老屋咖啡屋正是一个坐山面湖的优雅之地。要是在往日，作为电视节目主持人的卓凡的妈妈来到这里，定会兴之所至，感慨万千。但是今天不同，儿子分班的事纠结在她心里，她不知如何是好。

三人默不作声地来到一个稍偏一点的地方坐下，

点了几个小菜和米饭，就开始讨论卓凡的分班问题。

“你应该去新班上课，老在宿舍里是不行的。新班的数学课仍然是我在教。”杨老师首先开口说。

卓凡看了杨老师一眼，不言语。

“杨老师与你说话呢？你怎么想的，要说给我们听呀！”卓凡妈妈说。

卓凡看了妈妈一眼，仍然不言语。

杨老师见卓凡还是不说话，开导他说：“这次分班我本来还是坚持把你留在我们班，但学校 1500 名学生分班，重点班一个口子也没有开，我就不好再坚持了。学校领导也确实有他们的难处，照顾了这一个，就有另一个，另两个，另三个。这样下去，事情就没法弄了，希望你能够理解。你到了次重点班，仍然可以参加我辅导的奥数培训班，仍然可以冲刺金牌，获得北大清华保送生资格。”

“如果不让我在原来的班读书，我就去死。”这是卓凡两天来说的第一句话。这一句话，让卓凡的妈妈和杨老师都惊呆了！

卓凡妈妈的眼泪一下子就刷刷地流了下来，边哭边说：“你怎么能这样想呢？妈妈把你养这么大多不容易呀！为了你，妈妈牺牲了好多好多，你就是妈妈的命。再说，你读高中以来，杨老师对你多好呀？你说这话对得起杨老师吗？”

“我就是要读重点班，我就是要考北大清华。”卓凡面无表情，既像是对妈妈和杨老师说的，又像是在自言自语。

听了儿子的话，妈妈又转过身来求杨老师："杨老师，求求你还是让卓凡待在你的班上吧。你看我儿子决心很大呢！他不会给你和东湖师大附中丢脸的，他一定会用优异的高考成绩回报母校和杨老师。"

"这一点我是相信的。卓凡现在成绩也不差，超过重点线好几十分呢！只是学校有学校的规矩。"杨老师说。

这时候，菜和饭都上来了。咖啡屋里同时经营饭菜，这恐怕是东湖市独有的现象。

"先吃吧，卓凡肯定饿了。"杨老师接着说。"卓凡你抓紧吃，吃完了我们再想想办法。"

卓凡狼吞虎咽地吃了一通，吃完放下筷子，眼睛望着空碗，不言不语。

妈妈问："吃饱了没？"

他点点头，也不说话。

妈妈问："怎么连话都不说了呢？"

他还是不做声。

杨老师看见卓凡这个样子，甚是担心。他担心卓凡在心理上出现了一些问题。如果卓凡在心理上转不过分班这个弯，恐怕要出大问题。有些话他想告诉卓凡的妈妈，一定要注意儿子的心理健康和性格修养，但当着卓凡的面又不好说。于是他说："要不，让你妈妈先送你回宿舍休息，我和你妈妈帮你想一想办法，卓凡你看行不行？”

卓凡只是点点头，依旧不言语。于是妈妈拉起儿子的手，出门送儿子回学校。

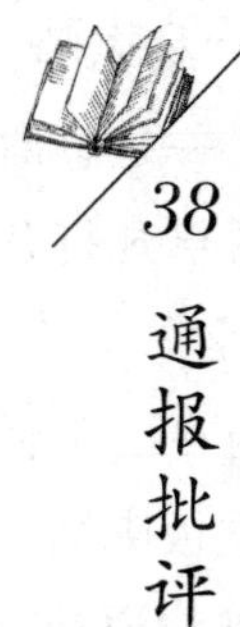

38 通报批评

卓凡的妈妈把儿子送到校门口就回到了老屋咖啡馆。虽然是几分钟时间，她也觉得很长，她急切地想与杨老师讨论儿子的事情该怎么办。

她回到座位上的时候，服务员已经把儿子吃剩的东西收好。她又点了两个菜，并点了一瓶白酒。她也不知道为什么，今天有一种喝酒的冲动。点菜的服务员走了之后，她说："不好意思，杨老师，儿子的事让您费心了。看到儿子这样，我很难受，又不知道怎么办才好？"她说这些话的时候，已经带着哭腔了。

杨老师说："我理解，家长的心情我们老师都能理解。我只是没想到分班问题在卓凡心里产生了这么强烈的反应，他好像变了一个人一样。我感觉他不应该是这个样子的。"

"是啊，怎么会这样呢？怎么会这样呢？"卓凡的妈妈这样说的时候，服务员已经把酒拿来了。

卓凡的妈妈接着说："杨老师，今天这里也没有什么好菜，我敬您几杯酒，一是感谢您这一年来对卓凡的教育，二是还要请您帮卓凡打开这次分班的心结。"说完一人倒了一满杯。

这是杨老师第一次与自己年轻的时候曾经仰慕过的电视节目主持人单独吃饭喝酒。他经不住眼前这位风韵犹存中年女人的恭维与说劝，两人推来敬去，一瓶白酒一会就干完了。

卓凡的妈妈开始与杨老师是面对面坐的。也不知是喝到第几巡的时候，她走到对面与杨老师并肩而坐了。她一边喝酒一边说，说着说着就哭了起来，哭着哭着头就靠到了杨老师的肩膀上了。她说她怎么一手把儿子养大。儿子小时候没有人照看，保姆都换了十几个。儿子的爸爸性格古怪，遇事就讲法律，一点通融都没有。家里家外都靠她一个人撑着，儿子现在遇到了困难，他爸也不管。

杨老师听着听着，心就软了下来。他受不了这个过去在他心目中很崇高的女人，为了儿子的分班把自己喝醉，把头靠在他的肩上。他原来觉得电视节目主持人很风光。现在看来，她们的日子过得也不容易。他的心一软，酒劲也就上来了。他做了一个重大决定：让卓凡继续在他带的重点班上课。他掏出手机，给理科次重点班的班主任打电话，告知那个班主任卓凡仍然要在他的班上课，不愿意去次重点班。

杨老师打完电话，准备将自己的决定告诉卓凡妈妈的时候，卓凡妈妈已经趴在他的肩头不言语了。他把她放在双人长椅上躺下，又用靠垫垫在她的头下。然后，他叫来服务员，买了单，把自己的电话留给服务员，嘱咐服务员照看好这位女士。这个咖啡屋是通宵服务的，卓凡妈妈可以在这里休息到酒醒的时候。

杨老师回到学校的时候，学生还在上晚自习。他走进男生宿舍，告诉卓凡："已经商量好了，你继续在我们班上课。"他帮卓凡清理书籍，师生二人一同走进教室。这是卓凡曾经熟悉，如今又仿佛有些陌生的教室。

第二天中午放学的时候，东湖师大附中教学楼前的电子显示屏上，打出了对杨老师的通报批评。批评内容为不执行学校决定，私自改变学校分班计划，一要全校通报批评，二要扣发当月奖金。

卓凡还是留在了重点班。卓凡的妈妈听说杨老师被通报批评并被扣奖金之后，打电话给杨老师说了好多个"对不起"，还说要专门请杨老师吃饭表示感谢。

杨老师说："还要吃饭啦？那我是不是又要被扣奖金啊！"

卓凡妈妈说："不好意思，杨老师你就别笑话我了。"她内心里真诚地感谢杨老师，又不知用什么方式来表达。

39 转折点

每年6月对于高中校长来说是最繁忙的一个月。这个月要组织高考和中考，要组织一年级升二年级学生的分班，要组织三年级的毕业活动，要组织二年级升三年级学生的第一轮复习备课安排。

忙忙碌碌之中，我又要上珞珈山给三个学生上课了。面对学生们高考、中考过后的一些喜怒哀乐，我真不知道这次珞珈山课堂应该向三个孩子说一些什么才好。

时间过得真快，从第一次珞珈山课堂到现在，整整一年时间了。我不知道自己一月一次的“说教”，是不是能给三个孩子一点点帮助。好在我们的聚会好像成了一种习惯。每到这个时候，我们都会不约而同地走向珞珈山。这倒是给了我一点心理安慰。如果孩子们不愿听我唠叨，我想他们不会那么守时，不会那样风雨无阻地按照我们约定的时间登上珞珈山。

高中二年级是一个高中生能不能顺利完成学业，能不能在学业上有所成就，在性格、习惯和修养上修炼到一定高度的转折之年。这个转折如果能很好地走过来，对其一生都是有意义的。否则，对其一辈子的负面影响也是很大的。而走好这个转折，我认为最重要的是勤勉和智慧。这次珞珈山课堂，我就给三个孩子讲这一点。

6 月的珞珈山是恋爱的季节。东湖大学大四的学生们快要毕业离校了，都忙着向对方表白那埋藏在心里很久的爱恋，忙着留影，忙着在珞珈山上最后一次共同背诵爱情诗，共同朗读一段精美散文，忙着在初恋的地方再来一次激情的拥抱。

6 月的珞珈山当然还是读书的季节。大三的学生中那些要考托福考研的，都早早地起来，来到这绿荫蔽日的珞珈山上朗读英文。对他们来讲，从 6 月到 12 月的这半年时光，会决定他们大学毕业之后的人生走向。因为元月是考研的时间，元月至 3 月是申请到美国、英国、澳洲等地读研的时间。这些必须过好英语这一关，他们自然不敢懈怠。

在这样一个读书与恋爱共存的季节，我早早地登上了珞珈山。我走在鸟语花香之中，对那些热拥着的恋人，我装着视而不见。对那些读书的学生我投以羡慕的目光。我如果还是他们这个年龄那该多好啊！珞珈山有好多鸟我叫不出它们的名字。我只认得那些灰褐色的斑鸠，很多斑鸠就在路人的脚边觅食。我小时候叫它们野鸽子，它们与我小时候喂养的鸽子长相一样，只是羽毛的颜色不同。

我陶醉在珞珈山6月早晨的情趣中，突然背后传来一声“校长早！”三个可爱的学生齐刷刷地站在我的身后。我回过身来，说：“同学们早！”

“报告校长，这次分班我们三人都还在原来的班。”宇辰说。

“好啊，在原班同学老师都熟悉，有利于你们的成长和进步。”我说。

“但我们都感到学习的压力更大了。原来以为分班之后少上几门课会轻松一些的，想不到老师都加快了课程进度，说高二要把三年的课程上完，要用一年的时间来进行高考复习。”天天说。

“老师也是没有办法，面对高考的竞争，老师和你们都只有应对，没有办法逃避。”我说。“你们是竞争三年，老师们要竞争一辈子。”

“是啊，我们还有两年就高中毕业了，而老师送走一届又接下一届。”天天发起了感慨。

“听老师说如果高二成绩落下来了，高三就赶不上了。我听了觉得好恐怖。老师上的进度那么快，我担心我要垮下来了。”宇辰说。

卓凡在一旁一直没有说话，我觉得有点奇怪。他原来不是这样子的。我问他：“卓凡，你怎么不说话呀？哪儿不舒服吗？”

卓凡说：“没有不舒服。”说完又没有话了。我感觉他一定有思想问题，但是他不说，我也不好再问。

我说：“你们马上就要上高二了，高一到高二是一个转折点，你们一定要走好这一步。分班的压力看样子你们是挺过来了，但是思想上是不是真的挺过来了，现在还很难说，要看你们后一阶段的表现。课程的压力才刚刚开始，你们能不能挺得住，对你们高考的影响是很大的。”

宇辰和天天齐声说：“校长，你别吓唬我们，我们好怕啊!”我知道这两个家伙一半是真怕，一半是开玩笑。一年时间，他们与我相处久了，也偶尔在我面前来一点小顽皮。

卓凡仍然是默不作声。

我对他们说：“你们也别怕，我相信任何困难都难不倒你们。我今天送你们四个字：勤勉、智慧。无论是现在读书，还是将来走入社会工作，你们的生命里一定要闪烁勤勉与智慧之光。”

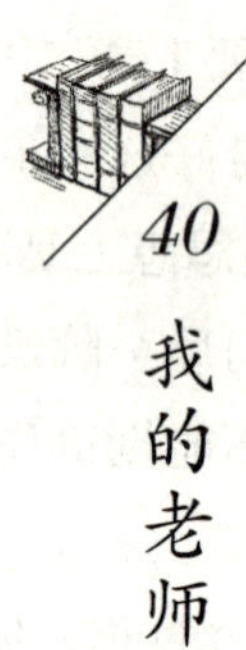

40 我的老师

今年高考成绩公布了，东大附中理科最高分656分，文科581分，均无缘北大清华。这两所大学在东湖市的录取线为理科663分，文科620分。东湖师大附中仍然保持着全市第一的位置，有10多名学生考上清华北大。东湖实验中学有2名学生考上清华。

虽然东大附中没有一个学生超过北大清华的录取线，但这个高考结果比我预料的要好一些。其实，在我心里，只要全校师生努力了，奋斗了，是什么结果，我们都问心无愧。因为我们学校的生源质量不如那两所学校，所以在知晓高考分数的几天里，我没有激动，也没有遗憾和懊悔。我依然如平日一样走进校园，走进老师和学生之中。

我打破了东大附中一贯的传统，在高考分数出来之后，不对当年的高考进行总结表彰，而是进行反思，研究应对下一年高考的措施。最主要的一项措施是如何让学生从题海中跳出来，有针对性地开展学习。要做到这一点，就必须让老师先跳进题海，才能把那些有针对性的东西找出来。因此怎样开展第一、二、三轮复习，用什么资料进行第一、二、三轮复习，是解决这个问题的关键所在。学校高二年级升高三年级的多数老师已经开始着手编第一轮复习资料了，因为7、8月份不编印出来，9月份开学之后学生就没有资料进行复习。也有少数老师在等着试探我在这个问题上的态度，他们还是想图简单省事，打算给学生购买第一轮复习资料。

有一天我在高二年级巡视课堂的时候，在年级办公室走廊上听到年级主任正在与语文教研组长争吵。年级主任要语文教研组长组织老师编印第一轮复习资料，语文教研组长要购买资料，年级主任说学校规定必须用自编资料进行复习，语文教研组长说凡事都有特殊性，不能一刀切。我装作没有听见，继续巡视其他年级的课堂。

回到办公室，我立即给教学副校长打电话，让他通知教务主任、年级主任和全校各年级各学科的教研组长到会议室开会。我要在会上讲明我的态度，坚决不准哪一个学科用那些“放之四海而皆准”的复习资料进行复习。我非常明白，高二年级语文组长方老师之所以敢与年级主任争吵，无非是仗着他是我中学时代的老师，而且快退休了，我平时比较尊重他，而年级主任才30出头，工作时间不长。这样方老师就把学校的决定和年级主任的安排不放在眼里。其实这个语文老师在我读中学的时候也没教过我的课。我快毕业的时候，他才分到学校，教低我一年级的同学。但毕竟那时候我是学生，他是老师。所以，这个师生之情我是认同的，平时也把他当自己的老师一样对待。但是，说句实话，他虽然教了一辈子语文，课上得确实不怎么样，而且喜欢喝酒，酒后总是在老师中说一些在学校不起正面作用的话，影响很不好。我的前任校长拿他这样的人没有办法。他总是在公开场合与前任校长顶撞，搞得前任校长下不了台。好在我总说自己是他的学生，要他支持我的工作。他被我说得飘飘然，经常在酒后口出狂言："新来的校长是我的学生，谁不支持校长的工作，我就对他不客气。"今天我如果不把他与年级主任争吵的事处理在萌芽状态，如果让语文组购买了资料，那其他学科肯定会跟着效仿。谁愿意在这大热天编资料啊！

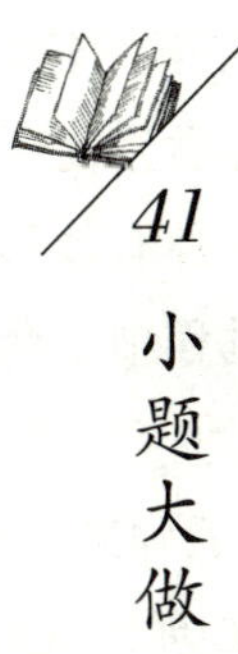

41 小题大做

开会的人到齐了，我假装今天的会议没有任何针对性，要各教研组汇报编印同步练习和复习资料的计划与进展情况。我特别强调，高二年级即将升入高三，第一轮复习资料的编印至关重要，直接关系到明年东大附中的高考成绩。因此，高二年级教研组长要汇报具体一点。我还强调，年纪大一些的教研组长要带好头，要以老带新，组织指导青年教师编印。年龄大的教研组长主要是搞好策划和组织指导工作，可以少承担甚至不承担具体的编印任务，让青年教师挑重担，但坚决不允许在编印资料中起反作用。讲完这些之后，我直接点高二年级语文教研组长的将。我说："大家都知道高二语文教研组长方老师是我中学时代的老师，教了一辈子书，学生都成了校长，方老师仍然战斗在高考的第一线，仍然与年轻人一起在比教学质量，比学生的高考成绩，不容易啊！但是，我们能不能因为方老师年龄大就放弃语文第一轮复习资料的编印呢？肯定不能！编印资料既是学生复习备考的需要，又是老教师培养青年教师的一种有效形式，青年教师在跟老教师学习资料编印的过程中，会在业务上得到锻炼和提高。"

我讲完这些之后，方老师第一个接着我的话发言。他说："校长的话说得很在理，我们东大附中要打高考翻身仗，一定要用自己编印的复习资料。我们高二语文组老中青的教师都有，应该有能力编好第一轮复习资料。编语文复习资料比编数理化生难度大一些，但我们有信心。我原来想简单省事，给学生一人买一本算了。今天既然校长提出了明确要求，还考虑到了对我们老教师的照顾，这次会议之后，我们一定按要求召开本年级语文老师会议，保证按时完成好语文第一轮复习资料的编印工作。"

在方老师讲过之后，其他学科的教研组长介绍了本组资料的编印情况，有的已经拿出了详细的编印计划并分派给每个老师，有的已经开始编出了一部分。高二数学组的进度最快，第一轮复习资料已经基本完稿，即将交付印刷了。相比较而言，高二语文组的进度是最慢的，还没有开始。好在方老师被我点将之后，表态还不错，尤其是听了其他教研组长的发言之后，自己觉得拖了年级的后腿，感言道："看样子我这个组长不应该当了，应该让年轻人上了，等这次资料编印结束，我们语文组也换一个年轻老师来当组长。”

一场可能让年轻的年级主任和我下不了台的“危机”就这样过去了。散会时，高二年级主任走到我的身边，嘴贴着我的耳朵小声说：“校长，佩服!”我望着他，两个人会意地笑了笑。

我并不是要在这件事情上小题大做。现在的高中学校，老师队伍很难管理。年级主任在管理一线，经常有老师与他们对着来。有一些老师，总是想事情少干一些，工作轻松一点，劳酬多拿一点。这些人虽然是少数，但一个年级有那么几个人就会让年级主任头痛。如果我不用智慧帮他们化解一些矛盾，有些问题就会越积越多，最后形成一种不好的风气，到那时候要改变就困难了。再说，我这样也是没有办法。在中国，如今的中学校长和老师，只要你选择了这个职业，你就轻松不了。别看媒体上整天宣传这种教育理念，那种教育模式。在老百姓眼里，高考分数的数字是他们认准的一个死理，你能说他们认的这个理不正确吗?显然不能。只要大家还认这个理，中学老师就轻松不了。当然，比老师更不轻松的，就是高中生了。

为了让全校的多个教研组切实负起责来，教学副校长建议由我亲自组织老师对各组编写的资料进行审查，不符合要求的要退回重编。我知道，他想这样做无非是要引起老师们的重视。校长亲自过问的事情，老师们还是很在意的。于是，在7月中旬，我从学校各学科教学骨干中组织了一支审稿队伍。他们一边督促那些编写进度慢的教研组抓紧完成任务，一边对交来的文稿进行审查，一直忙到 8 月初，才将所有文稿交印刷厂付印。

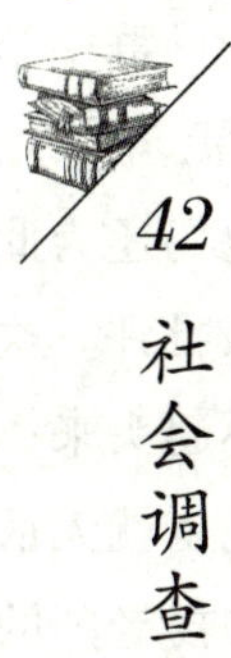

42 社会调查

在审稿期间，我按约定到珞珈山与三个学生会了一次面，听了他们给我讲暑期的安排，也给他们谈了我对他们暑期安排的一些看法和建议。

那天在珞珈山上，卓凡还是沉默寡言。自从受到分班的打击之后，卓凡就像换了一个人似的，对谁都不愿多说一句话。

卓凡告诉我，这个假期他原准备去四川映秀镇做一名志愿者，看看能不能帮助地震灾区的小学生做一点什么。他在学校发起了倡议，有 10 多名同学响应，愿意与他一起去。他还特意把时间安排在假期奥数培训的间隙。每个参加活动的同学都凑了一份钱，给灾区的小学生买了一些文具和书籍。但是，当他们把这些准备好之后，卓凡的爸爸妈妈坚决不让他参加志愿者活动。他们的理由是：一、卓凡期末考试的成绩不理想，暑假要补习英语和数学；二、灾区小学生有当地政府关心，用不着你们一群中学生去添乱。卓凡虽然极不愿意留在家里补课，但期末考试成绩不理想，又被分进平行班，而且妈妈还为此事喝醉了酒，杨老师还因此事受到全校通报批评。这些事弄得他在班里很没面子，老是觉得抬不起头来。所以当爸爸妈妈阻止他去映秀镇的时候，他也就无话可说了，只好无语地服从。他假期除了参加杨老师的奥数培训外，还准备参加社会培优机构组织的针对高二学生的数学和英语补习。

卓凡讲这些话的时候，显示出一脸的无可奈何。我对卓凡建议说："补习班的课程报得不要太多。我还是那句话，我是不赞成补习的，但是，你的爸爸妈妈对你的期望值太高，不补习在他们那里是通不过的。我认为，你期末考试596分的成绩已经很不错了。我甚至觉得你可以放弃参加奥数培训了。奥数培训就像体育运动比赛一样，那么多人参加竞技比赛，拿冠军的只有一人，成千上万的人都成了一个获奖者的分母，你说值不值？"

卓凡告诉我，奥数培训他很乐意参加，他能在解题中找到一种快乐。

"如果是这样的话，那我支持你。"我接着说："你最好在暑假抽出一定的时间走入社会，比如可以进行某项社会调查。你爸妈不让你外出，你就在东湖市里进行。你是高中生了，一定要开始学会进入社会。”

“我知道了。”卓凡说完这句话之后就不再言语。

“宇辰和天天你们暑假有什么安排？”我问另外两个学生。

宇辰说：“周老师又暗示我们几个同学到她家补习数学，我不想去。我已经与爸爸妈妈商量好，我准备上新东方参加托福培训。妈妈刚开始不同意，她怕得罪周老师，我说我的数学考了 136 分还补习什么呀？我又不想考满分 150 分。我的英语成绩不是很好，但是暑假还上课堂里的那些英语，我又觉得没有意思，于是就准备报托福培训班。还有，我至今仍然不会游泳，生长在这个多湖的东湖市我都不好意思了，我已经报了一个游泳班。”

听完宇辰的假期计划，我说：“参加托福培训和学习游泳都是很不错的选择。我对你的建议与对卓凡的建议是一样的，就是要利用假期进入社会。你妈妈不是在企业当副总吗？我建议你先去你妈妈的企业干一个月工作，就做普通工人。如果你妈妈反对，你就先‘攻’下你爸爸，取得爸爸的支持。如果你‘攻’不下你爸爸，我就用校长的职权‘压’他，让他支持你。他是我手下的干部，应该会听我的建议。”

“问题是我也不想去做工人。”宇辰说。

我告诉他：“你们这一代人，一生下来就没有吃过苦，缺乏上一代人身上的那些精神。你们只有在最底层生活一段时间，才能体会到生活与人生的真谛。这是你们课堂上学不到的。所以，你最好按照我说的去试一试。一个月不行，一周也可以。”

“那我试试看吧。”宇辰答应得还是不那么爽快。

轮到天天了，他说：“我这个假期准备去美国，我爸爸在那边做半年访问学者，我正好借这个机会去美国走一走，看一看。我的签证已经办好了，机票也订好了。爸爸为我联系了一所美国中学，我在那边的中学上两个星期的课，其余的时间到几个城市走一走。”

我真的很佩服天天爸爸妈妈教育儿子的方法。寒假的时候，他们让儿子去农村，暑假的时候，他们又让儿子去美国。他们没有给儿子任何压力。包括为儿子选择读书的学校，并不是一味地追求名校，而是让儿子选择离家近一点的学校完成高中学业，让儿子就住在家里。这些是对儿子的成长非常有利的。从天天高中一年的学习成绩来看，中考时，卓凡、宇辰、天天三个孩子中，天天的中考成绩是最低的。一年后的现在，天天的期末考试成绩已经是最高的了。

“校长，你怎么不说话了？难道你不同意我去美国吗？”天天看见我在思考，迫不及待地问。

我从回想三个孩子一年的成长经历中回过神来，说：“我支持你去美国度假，也欢迎你到时候把你在美国的见闻讲给我们听一听。”

“我好羡慕你啊！天天。”宇辰说。卓凡仍然默不作声。

要放假了，我想让他们快乐地度过一个暑假。我说：“同学们，校长今天建议你们利用假期走进社会。卓凡可以利用妈妈做主持人的优势搞社会调查，宇辰可以去做工人，天天要去‘调查’美国啦！我提议，我们一起唱天天妮妮创作的歌曲《一起走过》，算是为天天去美国度假送行。好吗！”

“好啊，好啊！”三个学生齐声说。

我们站在珞珈山上，对着万顷东湖碧水高唱着——

风来了雨来了一起走过，
太阳来了月亮来了一起走过。
……

校长笔谈

那些所谓的爱情

我常告诉学生和家长，高二是一个高中生优秀与不优秀的分水岭，这一年的日子最好混，也最难熬。站在学校管理的角度，高二年级最难管。因为这样，所以，本学期开学的时候，我邀请了武汉大学在读博士生陈方圆为高二的学生做了一次讲座，让他这位优秀的高中毕业生与我们学校高二的学生们分享一下他和他的同学们的高中故事。

讲到高中男女同学的情感问题的时候，陈方圆用的标题是 *The so called love*，也就是那些所谓的爱情。陈方圆说，他读高二的时候，有一天，忽然发现有好多成绩优秀的男生积极主动地、耐心地为班里那些漂亮的女生讲习题，美其名曰“互帮互学，共同进步”，老师也是睁一只眼闭一只眼。这种现象好像如春天的竹笋般一夜之间就突然从地里冒出来，让人感到很惊讶。班里 54 名学生，公开宣称谈恋爱的有 5 对，约占全班人数的 1/5，暗里“互帮互学”的就不知道有多少对了，反正是有的下手迟了的男生要帮助女生提高学习成绩的时候，会受到女生的婉言谢绝。这时候，班上会有男生嘲笑他：傻帽，别人早已跟着谁谁谁去“互帮互学”了。

陈方圆的话讲得学生们都笑起来了，纷纷追问结果。陈方圆故弄玄虚地请这帮正与他当年一样读高二的学生们猜，学生们猜各种结果的都有。最后，陈方圆说：到今天为止，我的高中同学们有的本科毕业、硕士毕业工作了，有的和我一样还在读博士。当年无论是公开谈恋爱的，还是暗地里“互帮互学”的，现在没有一对成，全都恢复为同学关系，就像我们在笔记本电脑里写了很多优美的故事，忘记了保存，点击退出，一切归零。

陈方圆的幽默和调侃又把学生们逗乐了。

他接着说：现在我们男同学聚会的时候，有两个男生最后悔，他们都说当年要是少花点时间与女同学搞一点“互帮互学”，就不会因为高考成绩 2 分之差而与清华大学失之交臂了，惭愧啊！

陈方圆讲到这里的时候，台下学生的笑声少了许多。也许有人开始从别人的故事里思考自己现在的思想和行动，也许是在为故事中的两位学兄感到惋惜。

在现在这个开放程度越来越高的社会中，那些正在成长中的初中、高中的学生们，很自然地会在某一天对异性同学产生好感，产生兴趣。如果控制不好这种情绪，过分地放纵和压抑都会对他们的成长不利。

在处理学生情感问题的工作实践中，我明显地感到，现在对异性感兴趣的学生年龄越来越小。2012 年春节过后，有一个初一年级的女生要从别的学校转到我们学校，家长在我的办公室说了好多恭维我们学校的话，就是不说转学的真正原因。我看那个女孩子也不像那些调皮的女生，一副很有礼貌很文静的样子，就接收了。让我意想不到的是，没过几天，班主任老师告诉我，转过来的这个女生同时追初三年级的两个男孩子，男孩子怕她，告诉了自己的班主任。初三男生的班主任找到初一这个女生的班主任，让这个初一女孩别去追他们班上的男生。

四

傻瓜爸爸在某一天下午因为傻瓜妈妈碗洗得不干净发脾气了，傻瓜妈妈却认为傻瓜爸爸也有责任 。一场战争一触即发。

我有点害怕，因为有好几个同学的爸妈离婚了，傻瓜爸爸和傻瓜妈妈如果分开了，我该怎么办？越想越急，竟一个人在一旁哭了起来。

他们也吓住了，问清缘由后，傻瓜爸爸说："像傻瓜妈妈这样的妈妈别的家是不要的，爸爸也不会离开她，不然傻瓜妈妈就没有家了。"傻瓜妈妈刚才还嘟着嘴，现在却笑了。

只要傻瓜爸爸和傻瓜妈妈不分开，我就算做个小傻瓜也无所谓了。

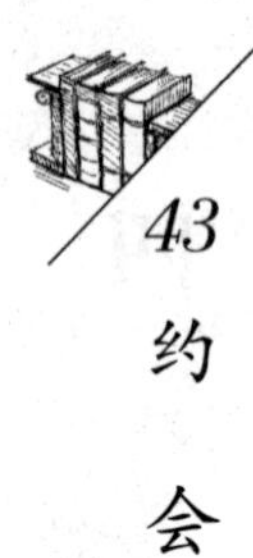

43 约会

9 月初开学之后，卓凡发现班里的同学和老师好像都有了一些异样的变化。大家有时背着他在议论着什么。他一走过去，同学们就不说原来的话题了，假装讨论学习上的问题。这种不自然的假装，谁都看得出来。平时对卓凡很不错的杨老师，这几天也好像有意地在回避表扬和批评卓凡。一年的高中生活，卓凡已经知道杨老师是真心关心他，是用心在培养教育他。所以，杨老师表扬他也好，批评他也好，他都是心存感激的。习惯了杨老师批评和表扬的卓凡，一下子看到杨老师对他有点不理睬了，心里就觉得怪怪的。

东湖师大附中每天最后一节课都是课外活动，这已经是几十年的习惯了。无论其他学校怎么加班加点补课，东湖师大附中永远按照 20 世纪 80 年代初期老校长制定的作息时间表和课表上课作息，几十年不变。

他们凭借把全省优质生源揽入学校的优势，当然也凭借优良的传统和科学的管理，几十年来一直占据着全省高考重点大学升学率第一的位置。每天最后的这一节课，有的学生去搞一些社团活动，有的学生去操场运动，有的学生去实验室做实验，有的去阅览室读杂志，也有的在教室里做作业，或是去复习当天所学的内容，以及预习第二天老师即将讲的新课。总之，这一堂课由学生自己掌握，不准任何老师去占用这个时间。

我是很赞同东湖师大附中这种做法的。每天把一节课的时间交给学生自己掌握，这对学生的成长和成绩的提高都是很有帮助的。因为它符合中学生的教育和成长规律，让学生有个性化发展的时间和空间。这对各类学生都有好处，爱学习的你就去学习，爱搞社团活动的你就去搞活动，爱运动的你就去运动。多好啊！

我当东大附中校长后的第二个星期，就提出东大附中也这样做。然而，我得到的是一片反对之声。老师们反对，家长们反对，那些成绩好的学生也反对，唯独那些一下课就往运动场跑的学生赞同。反对的人的一致看法是，我们学校的生源结构与东湖师大附中不一样。东湖师大附中集中了全省的优质生源，每天少上一节课无所谓，说不定学生自学成绩会更好。而我们学校的学生，只要你不上课，他们就玩去了。

这些人讲的也不是没有道理。但学校管理毕竟是我说了算，我坚持要向东湖师大附中学习，每天安排一定的时间留给学生。

有一天课外活动的时候，卓凡的同桌小霞主动约卓凡："我们去运动场走几圈好吗？我今天已经在教室里待了一整天，头都是大的。"

"好啊！"卓凡想不到小霞会主动约自己，心里高兴得不得了。他想：今天太阳怎么从西边出来了呢？自从上次他与小霞发生相互递纸条的不快之后，他就没有再主动讨好小霞。学习上的问题讨论完了也就完了，没有再节外生枝地想"帮"小霞什么生活上的忙。这样倒也自然。卓凡感觉小霞也不再怪他"欺负"她了。

东湖师大附中的田径运动场是国家标准运动场，位于学校体育馆的东边，室外篮球场、羽毛球场、乒乓球场、投掷场、游泳馆等位于体育馆的西边。东湖师大附中的这些运动场馆，建设标准已经超过了东湖市体育馆。学校体育场馆假期面向社会开放，得到了有效利用，当初政府规划设计的时候，就是这样谋划的，所以建设标准很高。平时，学生上体育课和课外活动，在体育馆西边的场馆活动的人多一些。东边只有一些爱好踢足球的学生，周末的时候跑到这里来，消耗他们怎么也用不完的年轻的体力。

44 妈妈有绯闻

卓凡和小霞来到田径运动场的时候，偌大一个运动场，只有10来个体育生在老师的指导下，练习百米短跑。卓凡和小霞走到体育生跑步跑道的对面，远远地一边看他们训练，一边闲聊。

小霞问卓凡："你最近上网没有？"

"没有，怎么？"卓凡答道："妈妈说家里的网线坏了，没有时间报修。"

"没什么，我也没有上网。听同学们议论，最近网上好像有杨老师的绯闻，而且好像与你的妈妈有一点关系。"小霞说。

没有等卓凡回答，小霞接着说道："也不一定真是这样，因为我也没看。但这件事大家私底下议论得比较多。我觉得应该让你知道，所以今天才约你到这里来告诉你。要是真的像同学们议论的那样，我觉得你应该有一个正常的心态去面对。”

“你说的都是一些什么呀？让我云里雾里的。”卓凡听了半天，也还没有听明白，于是问道。

“因为我最近也没有上网，所以他们议论的事情我也不能确定，也不知道具体内容，好像是关于杨老师与你妈妈的事情。”小霞其实知道同学们背着卓凡议论的是什么，但她不好明说。一是因为她真的没有上网看到内容，二是因为现在网上的东西真真假假的，她也判断不了，只能这样委婉地告诉卓凡。小霞觉得，上高中一年多来，不管卓凡出于什么动机，班里的同学中，卓凡还是最关心她的，她一直心存感激。现在同学们议论卓凡妈妈这么大的事情，她担心卓凡知道后受不了这样的打击，就专门把卓凡约出来告诉他，好让卓凡有一个思想准备。

“关于杨老师与我妈妈？我妈妈与杨老师能有什么呢？”卓凡有些不相信，他的心一下子被吊了起来，不知道发生了什么事。他虽然被小霞的半截子话搞得不明就里，但小霞对他的关心之情也从话外表达了出来。

他对小霞说：“小霞，我今天非常感谢你能够告诉我你听到的议论，我也发觉同学们有一些话在背着我讨论。你先回教室吧，我到学校附近的网吧上网看一看。”

小霞有一点担心卓凡上网看到什么后，会出问题。

于是说："不如我们一起去网吧看看吧。"

"好吧。"卓凡说着，就和小霞一起朝校门口走去。

来到离学校不远处的一个网吧，卓凡和小霞上网一看，各大网站的主页上都在娱乐版登出了一张卓凡的妈妈头靠在杨老师肩头哭泣的照片。照片下面有一句话：东湖电视台美女主持酒吧会情人。

卓凡看过网上的照片之后，不知道怎样才好。小霞安慰他说："你妈妈这样做肯定是事出有因的。我觉得杨老师和你妈妈的这张照片肯定不是像人们想象的那么回事。"

她看见卓凡两眼直愣愣地瞪着电脑上的照片，一句话也不说，就接着说道："算了，我们别去想它了。回学校吧，要上晚自习了。"

卓凡和小霞从网吧走出来，他对小霞说："你回学校吧，我回家。"

作为高中生的小霞，看到杨老师和卓凡妈妈这样亲密的照片，也不知怎么办才好。说实话，她也不明白是怎么回事。她只是凭直觉认为，杨老师不可能是那样的人。但是，这样亲密的照片又被人实实在在地拍下来了，还被晒到了网上。这样一来就不是三言两语能够解释清楚的了。何况全校老师和学生都知道，杨老师因为卓凡的分班问题，受到过学校的通报批评。杨老师为什么冒着被学校批评的风险来帮助卓凡呢？这样一联系，更让东湖师大附中的师生觉得这张照片不假，人们可以想象的空间也就更大了。

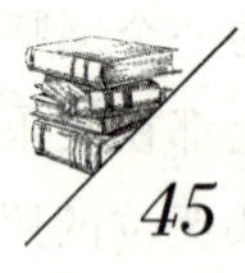

45 爸妈要离婚

卓凡回到家的时候，还没有进门，就听见爸爸妈妈在家里争吵。

卓凡爸爸说："你还有脸回家，全世界都知道我被你戴了绿帽子，不离婚我今后怎么做人？我还怎么在东湖市待下去？"

卓凡妈妈说："我不是告诉你了吗？是那天为了卓凡分班的事去找杨老师，酒喝多了才那样的。我们什么事情都没做，我们的关系不是你想象的那样。"

"我想象的哪样？我又能想象哪样？你能向全世界的网民解释你们没有哪样吗？"

"信不信由你，你可以怀疑我，但是希望你不要把脏水泼到杨老师头上。人家可是真心帮了我们的儿子，还受到了学校的通报批评。”

“用一个通报批评来换一个美女主持情人，我看值得。”

“我看你是自己要给你自己戴绿帽子，你对自己老婆一点信任感都没有。”

“你叫我怎么有？我的同事、朋友看到网上的照片后纷纷打电话问我，我能怎么回答？我说那是假的，别人相信吗？”

“我这是跳进黄河也洗不清了。我不也是为了你的儿子才请杨老师吃饭的吗？那天开始吃饭的时候，你的儿子也在场。后来他上晚自习去了，才只有我和杨老师留下来喝酒的。我是喝多了，靠在了杨老师身上。不知道被哪个多事的人拍下来放到网上。我真的不是有意的，我和杨老师也不是别人想象的那种关系。”

“你跟我解释这些没有用，我不能把你的这些解释写好贴在额头上，让别人去看。别人只知道我被你戴了绿帽子。你愿意离，我们就好说好散。你不愿离，我就只好走法律程序。”

卓凡站在家门口听爸爸妈妈在屋内的争吵对话，也明白了会出现那张照片的原因。他相信妈妈，也相信杨老师。他们的关系一定不是人们想象的那样，是什么情人关系。

他用钥匙打开门，对爸爸说：“你和妈妈离婚可以，你们离婚了，我就跳东湖死了算了。”说完就走进自己的房里，反手用力把门关上。门嘭的一声，震得爸爸妈妈心头一颤。

卓凡妈妈不知道儿子今天怎么突然回来了，还听到了他们的谈话，直愣愣盯着儿子的房门，好半天才回过神来。她走到儿子的房门前，敲门让儿子开门。儿子关在里面不理会她。

卓凡的爸爸对眼前的这一幕也毫无思想准备，不知如何是好，不再与老婆争吵。

一家人晚饭没吃，各自蒙头睡觉。第二天一早，卓凡起床，自己坐公交车去学校，妈妈要送他，他理都没理就出了家门。

同学们仍然用异样的眼光看卓凡，卓凡不知道也不想去跟同学们解释什么，只是他变得更沉默寡言了。

卓凡的妈妈与他的班主任老师的“亲密”照片被晒到网上的消息，是天天告诉我的。我平时上网一般浏览一下时政新闻，很少关注娱乐新闻和体育新闻。

那天，天天急匆匆跑到我的办公室，说：“校长，卓凡家里出大事了。”

我问：“出什么大事？”

天天说：“卓凡的妈妈与他的班主任闹绯闻了，他爸爸要与他妈妈离婚。”

我又问：“有这事？”

天天说：“你上网看一看就知道了，我上课去了，校长。”

我告诉天天：“你们不要参与瞎议论。你还要注意安慰好卓凡。你们是好朋友，这时候应该帮帮他。”

天天说了一声“我知道”，就跑出了我的办公室。

等天天走了之后，我上网一看，千真万确地看到了天天刚才讲的内容。怎么会这样呢？我百思不得其解。卓凡的妈妈作为东湖市电视台的著名主持人，即使是现在人到中年，退出了热点栏目，也还是可以生活在东湖市社会名流的圈子内的。凭她目前的丽质和风韵，找情人也不会找一个普通的中学老师呀！我并不是瞧不起我们中学老师，事实上我自己就是一名中学老师。我是觉得，卓凡的班主任杨老师与电视节目主持人在个人生活情感方面，不应该是一条道上的人。凭直觉，我认为网上的那些话是不可信的。但两个人照片上的“亲密”样子，又让人琢磨不透。

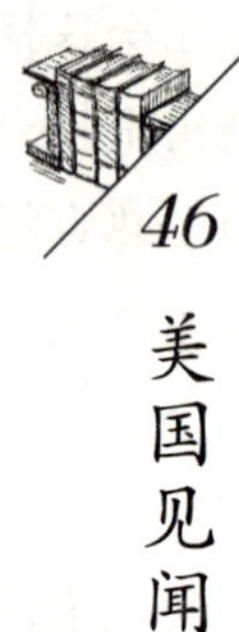

46 美国见闻

这个月的珞珈山课堂，我原准备不给三个学生提什么建议，就让天天讲一讲他在美国一个月的感受，让卓凡、宇辰也长一长关于美国中学教育的见识。说实话，美国中学教育是什么样子，我这个中学校长也不知道，我也借这个机会长长见识。但是，今天看到网上关于卓凡的班主任与卓凡妈妈的八卦新闻后，我觉得卓凡思想上要挺过这一关是不太容易的。作为一个高中生，人生经历就那么一点点，他怎么能够理解这样的事情呢？这样的事议论别人时，大家可以很轻松，一旦到了自己家里，到了自己身上，就不是那么“好玩”。卓凡前一段时间已经有一些沉默寡言了，再碰到这样的事，他的性格可能会变得内向，甚至往更坏的方向发展。

在我的眼里，珞珈山越来越像一个女人，一年四季都散发着特有的风韵。在作家们的笔下，山是男人，水才是女人。我不是作家，只凭自己的直觉来感受身边的山水。

9月的珞珈山，有点像一个成熟的女人。你站在山顶上环顾四周，绿色的松树、柏树、樟树，红色和绿色兼有的枫树，黄色和绿色并存的梧桐，让你看到了一座山林正在经历季节的变换。展现在你眼前的，已经不再是春天的时候那样满眼绿色了。那些落叶的乔木，叶子正在变红，变黄。再过一些时日，它们就会凋零。这景象，多么像一位从青年走向成熟的中年女人啊！我不知道为什么忽然把眼前的珞珈山与中年女人联系起来。确切一点说，是与卓凡的妈妈联系起来。

一座山，春天有春天的生机，秋天有秋天的风韵。一个女人又何尝不是如此呢？

三个学生从山下向我走来，天天一副兴高采烈的样子，宇辰正在与天天讨论着什么，卓凡走在他们的后面，没有与他们搭话。

"校长好！"

"你们好！"

我们像往常那样，围在一个石桌边坐下。我对卓凡和宇辰说："今天我们请天天讲一讲他在美国的见闻好不好？"

天天说："要我讲可以，宇辰你先讲一讲你在工厂打工的情况。"

宇辰说："我没在工厂打工，我自己不是太想去。我把校长给我的建议告诉了爸爸妈妈，他们也坚决反对。他们认为，我去工厂是浪费时间。他们又不准备把我培养成工人，而是要把我培养成北大清华的学生。我现在的成绩离北大清华的目标那么遥远，哪来时间去工厂浪费呀？"

我说："没去就没去，这件事过去了也就过去了。现在的家长，培养孩子的愿望是好的，但培养的目标和方式确实值得反思。算了吧，我们不讨论这件事了。天天你开始讲吧。"

天天不是那种死读书的学生，也并没有把一切时间都用在高中的功课上。他遇事有自己独立的思考和判断能力，但又不是那种听不进家长和老师意见的叛逆的孩子。

他不紧不慢地说："这次美国之行，我最大的感受是，美国的中学生，并不是像我出国前所看到的和听到的国内媒体上讲的那样，学习很轻松，数理化成绩很差。他们有两种不同的类型：一种是在学校混点的。这类学生喜欢组织一些社团活动，参与社会的意识比较强，有的高中生还边读书边打工完成学业。还有一种是在学校读书的。这类学生的学习压力并不亚于我们国内的高中生。他们也在为考取美国名校而努力学习。还有，美国的中学生无论混点的，还是读书的，他们上了大学之后，几乎要边读书边打工，自己挣钱交学费。也就是说，在 18 岁以后，他们就开始学会自立了。这与我们国内也是有差别的。所以，在我看来，校长在上次珞珈山课堂中，建议我们学会进入社会，我看是对的。”

宇辰说：“你刚才说的是感受。你说说故事，有没有交到美国朋友？”

天天说：“我在一个美国高中生比特家里住了两周。比特和我同岁，也在上高中，老师安排我与他同桌。我的英文与他可以交流，但不是很流畅。他完全不懂中文，也不了解中国。他的爸爸妈妈是普通的美国公司职员，对我很关照，也很友好。他们都没有来过中国，经常问我关于中国的各方面的问题。他们也希望儿子能够上好的大学，但他们对儿子的干涉很少。像我们在寒暑假都要没日没夜地补习功课，在他们看来是不可思议的事情。美国的高中生大多数选择假期去打工，利用赚来的钱去做自己想做的事。我所跟读的美国中学的那一个班，有一半以上的同学利用自己打工赚来的钱出过国。”

卓凡一直没有开口说话。在天天讲完之后，我想把卓凡引导进来参与讨论，便对卓凡说：“卓凡，听了天天告诉我们的关于美国高中生的生活和学习情况之后，你有什么想法呢？”

卓凡不冷也不热地说：“我没有什么想法。”说完就又默不作声地望着远方的珞珈山上的树林，好像在思考什么，又好像什么也没有思考，只是呆呆地望着。

卓凡的表现已经让我有一点担心了。他这样下去，会由不愿多说话变得内向，由内向变成孤僻，然后再变成说话做事走极端。那样就不能够与社会接轨，不能与人正常地交流和沟通，就会成为一个心理不健康的社会人。这样的学生，即使考上了清华北大，又有什么用呢？

但是，卓凡现在不是我的学生，我也不好主动去找他的老师和家长讨论卓凡的教育和成长问题。况且，多数家长关注的只是孩子的成绩，他们不太关注孩子的性格养成和心理健康。谁要说他们的孩子性格和心理上有问题，他们大多不相信。弄不好，他们还说你有心理问题。他们会说："我的儿子好好的，你瞎说什么！"

卓凡没有主动告诉我他有什么心理疙瘩，我也不好当着另外两个学生的面去问他。我只好装做不知道网上那些关于他妈妈与杨老师的传言和照片，同时对三个学生说："今天校长给你们一个比较严肃的建议。这个建议的话题有一点沉重，你们可能会遇到，也可能不会遇到。这个建议是：正确对待父母的情感问题。"

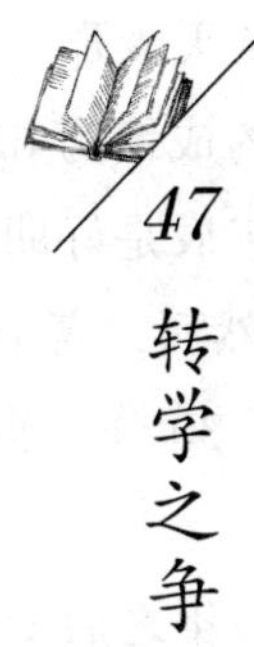

47 转学之争

卓凡遇到的问题，宇辰同样也遇到了。

新学期开学以来，宇辰的爸爸妈妈每天在他们的租住屋里吵嘴。他们吵嘴的话题是由宇辰上学期的期末考试成绩引起的，两人各不相让。长期以来受到压抑的宇辰的爸爸，这次似乎找到了充分的理由来证明宇辰的妈妈很多决策是错误的，而宇辰的妈妈自然坚决否定这一点。她最充分，也是长期以来一直能够压制丈夫的很简单的理由：我们俩同时大学毕业，都是学体育的，我现在做了上市公司财务副总，你却还是一名中学体育老师。这就是差别。然而，宇辰的爸爸最受不了的，也就是她长期挂在嘴边的这句话。

这句话能够让一个男人的自尊心降到最低点，自然也能够让一个男人在心里积压对女人巨大的反抗。

宇辰的爸爸的反抗，是从看到了宇辰期末考试成绩开始的。

那天，宇辰的爸爸从天天那儿得知，天天上学期期末参加全市统一考试的成绩为 625 分。他教天天的体育课，也知道天天和宇辰是好朋友，还知道天天中考成绩比宇辰少 30 分。然而，高中读了一年之后，宇辰的成绩反而比天天低了 30 分。前几天宇辰告诉他期末统考成绩为 595 分。

宇辰中考 610 分，一年之后变成 595 分。天天中考 580 分，一年之后变成 625 分。这两组数据一比较，终于让宇辰的爸爸这个长期按老婆的指令行事的男人，找到了反抗的理由。

他回想起这一年多来，每天下班后，要坐公交车从东湖之南路珈山下的东大附中，跑十几公里到东湖之北的实验中学附近的租住屋，去照顾儿子的学习与生活。每天天刚刚亮就起床，跑去挤公交车回东大附中上班。这是何苦呢？儿子放着家门口的学校不上，老婆非得让儿子上离家和单位十几公里远的实验中学。原以为可以把儿子培养成清华北大的学生，而 595 分的高一年级期末考试成绩，凭他作为中学老师的经验，儿子是不可能考上清华北大的了。

于是，宇辰的爸爸自己作出了一个重要决定，让儿子转学回到他工作的东大附中读高中，而且就转入天天所在的班。他是学校体育老师，也是总务主任，当他把儿子转学的要求向校长提出来时，校长二话没说就同意了。不过校长认为，他们当初选择去实验中学就已经错了一次。现在要转回来，一定要充分尊重宇辰的意见，由他自己作出决定。

这一天晚上，宇辰的爸爸与妈妈在实验中学附近的租住屋里摊牌了。

“我要把儿子转回我们学校读书，我和你一年来在家、儿子学校和单位这三个地方之间奔波，儿子的成绩不升反降，你说有意义吗？天天中考时比我们儿子少 30 分，就在东大附中读书，步行几分钟就到家了，现在反过来比我们的儿子成绩多 30 分。当初我说就让儿子读我们学校，离家近，我们好照顾，又方便与教他的老师沟通情况，你偏不听。你说我们学校是市重点，实验中学是省重点。现在你看到结果了吧？”宇辰的爸爸对老婆说。

宇辰的妈妈还是第一次见丈夫以这样的语气对自己说话。要是在以前，她早就把丈夫的话打断了。但是这次不一样，儿子的成绩已经摆在那儿，她能够付出的也都付出了，怎么会这样呢？她也有一肚子的委屈，又不能对儿子和丈夫讲，因为这个决定是她作出的。她自认为这样做了，儿子的成绩一定会比天天的成绩更好，那样就能考上清华北大。她在事业上没有输给任何同事和朋友，在儿子的教育问题上，她也要成为身边的人羡慕的对象。她甚至觉得，儿子成绩优秀，比她个人的事业更能让她有成就感，更能让她在别人面前感到自豪。这也许是所有母亲共同的期望与虚荣吧。

她心里觉得丈夫的话有一定道理，但是嘴上丝毫不肯承认自己的决策失误。她说："实验中学每年都有考上清华北大的学生，东大附中有吗？儿子转回去，不是一点上清华北大的希望都没有了？"

"都什么时候了，你还想着儿子上清华北大？再这样下去，恐怕东湖大学都上不了。"

"实验中学600分以上的人数也比东大附中多好多呀！儿子考600分肯定有把握。"

"600分那是你的一厢情愿，我们学校高考600分以上的虽然少一些，但我们学校录取的学生的基础与实验中学不一样啊！你这样绝对地去比较是不对的。"

"当初是我要儿子上实验中学，但你们也是同意了的呀！再说，这一年来我容易吗？每天上下班从城北跑到城南，推掉了好多生意上的应酬不说，也没有时间去逛商场，去做美容，连我喜欢的旅游、打高尔夫球等散心和锻炼的时间也全都没有了。你说我为了谁？还不是为了你的儿子吗？我怎么吃亏不讨好呢？"

"你活该！"

"你说谁呢？"

"我说你！"

"你要是有能耐，需要我一个女人这么奋斗吗？"

"我是没有能耐，你还来得及，找有能耐的人去！"

"你这个没良心的，我找谁去？你居然这样说自己的老婆！这个家没有我，你有今天这样的生活吗？"

“今天哪样的生活？如果你说的是别墅、车子和存款，我一样都不要。”

“这可是你说的呀！”

“是我说的又怎么样？”

“那你说话要算数。”

“当然算数。”

男人被女人压制久了，爆发出来的反抗力量可能比女人更厉害。宇辰的爸爸就是如此。

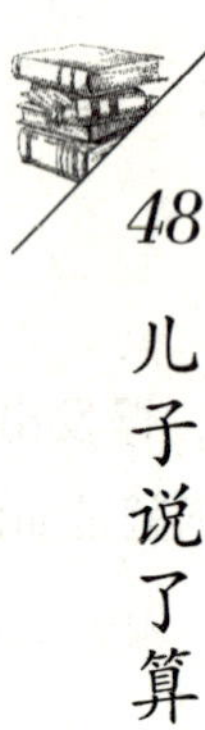

48 儿子说了算

宇辰的爸爸妈妈在租住的小房子里不依不饶地你来我往。因为他们都有委屈，因为他们都觉得自己付出得太多，因为他们对儿子的希望都有可能落空，因为一个男人长期不敢对一个女人这样讲话，因为一个女人认为是自己而不是男人支撑着这个家的天空，因为……

所以，他们不顾一切地争吵着，忘记了曾经美好的感情，忘记了离开那个宽敞雅致的别墅而租住在这个小房子里的理由。当然，也忘记了——时间。直到看见儿子开门进来，两人同时傻了眼瞪着儿子。在这之前，虽然他们也因为一些家庭琐事争吵，但两人心里都有一个约定俗成的“规矩”，不当着儿子的面吵，让儿子觉得这个家是和睦的，是幸福的。

“你们今天怎么了？”宇辰问。

“没什么，你做作业去。”宇辰妈妈回答。

“今天吃不吃夜宵？”宇辰爸爸问。

“你们不告诉我，我就不吃，也不做作业。”宇辰说。

“真的没什么，就是为你转学的事。”宇辰爸爸说。

“转什么学呀！我在这里读得好好的。当初我不愿来，现在你们又要我转学，总得有一个理由吧？”宇辰说。

“我们也就是讨论讨论，也不真是要你转学。做作业去吧，乖儿子。”宇辰妈妈说。

宇辰的爸爸瞪了老婆一眼，进厨房给儿子做夜宵去了。

这样的争吵既然开始了，就停止不下来了，除非儿子的成绩考到 680 分以上。但是高中生 600 分左右的成绩，往上提高 10 分都很困难，别说宇辰要提高的是几十分。

平时成绩达不到 680 分，高考上清华北大就很困难，宇辰的爸爸和妈妈的期望就会落空。对于宇辰的妈妈来说，这比她辞去公司副总职务还要难受。有时候她一个人在办公室里静下心来思考，也偶尔这样想，是不是她错了，是不是不应该让儿子上实验中学。东大附中离家那么近，丈夫又在学校做中层干部，儿子上学，或者请个家教什么的，都非常方便。再说东大附中的学生也都是一些东大教师的子女，多数学生学习习惯和进取精神不错。想着想着，她有好几次甚至拿起电话准备给丈夫打过去，准备说让儿子转学算了，但她最终还是犹豫地把电话放下。她真的不知道如何是好。这种心情，一直就这样纠缠在她的心里，她不知道该向谁讨教。只要丈夫与她在那个小租住屋里一提起儿子的成绩，她就烦躁不安，嘴上就充满火药味，她甚至觉得对这个家庭都失去信心了。如果不是为了儿子，她可能已经与丈夫分居或者离婚。这种想法越来越强烈地占据着她的心。一切等儿子考上大学再说吧，她只能用这个理由来安慰自己。

宇辰从新学期开学以来，也明显地感觉到了家里的气氛不对劲。但大人们的事，他也不好多问。他怎么也不会想到，爸爸妈妈是因为他比天天的考试成绩差 30 分而争吵的，而爸爸妈妈也不会把这个原因告诉他。因为宇辰的妈妈从老师那里了解的情况看，宇辰是一个很用功学习的学生。儿子用功学习了还是达不到她的期望，她也不好直接去说孩子什么，怕伤了儿子的信心。宇辰明确地对妈妈表示，不愿意转学。这里的老师同学都不错，他不想再换新的学习环境，他也没有想过要考清华北大，他觉得考上东大就不错了。照他现在的成绩，考东大应该不成问题。

虽然已经明确地对妈妈表示了不想转学，但是，宇辰还是决定在下一次珞珈山课堂的时候，征求一下校长的意见，让校长给他拿主意。一年多来，虽然他已经不再是校长的学生，但他觉得校长每一次在路珈山的谈话都对他很有启发，不知道从什么时候起，他已经开始对路珈山课堂充满依赖和期待，他甚至时时暗自庆幸在高中时期能有这样一位校长成为自己的知心导师和朋友。

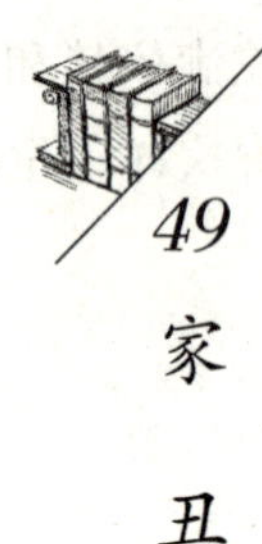

49 家丑

10月的东湖市依旧炎热，但走在珞珈山上就会感觉到一身清凉。

珞珈山课堂的那一天到了，宇辰早早地就到了山上。他家的别墅在东湖边上，离珞珈山很近。昨天学校没有晚自习，妈妈把他接回家里，爸爸给他做了一桌丰盛的晚餐。他吃完饭洗完澡，上了一会儿网，完成了当天的作业，在自己宽大的房间美美地睡了一晚上，觉得比在租住屋舒服多了。今天来到珞珈山之后，他在想：是不是真的应该转回东大附中来完成高中学业？读高中以来，自己不是一直在东大附中校长的指导下学习和生活吗？

宇辰这样想着的时候，卓凡和天天从山下跑上来，他们看见宇辰老远就喊他的名字，喊声惊飞了他们头顶上那些停在树枝上的鸟儿。

宇辰说："你们比校长来得早，正好我有事想征求你们的意见。你们说我转回东大附中读书好不好？"

"肯定好啊！最好与我在一个班上，那样的话，我又多了一个竞争对手和好同学哦！"天天毫不犹豫地说。

"我看未必是好事，你妈妈那一关就过不了，弄不好你妈妈还会与你爸爸闹离婚什么的，到时候你就是单亲家庭的孩子啰！"卓凡慢条斯理地说。

"我没有和你们说笑话，我是有一点动摇，想听听你们的想法之后，等会儿再问一问校长。"宇辰说。

就在三个家伙讨论宇辰是转学还是不转学的时候，我登上了珞珈山，也加入了他们的讨论。

我告诉宇辰："一年多之前你去实验中学的时候，我其实觉得是错误的选择。放着家门口的学校不上，跑那么远去上学，还在学校附近租房子，要爸爸妈妈每天跑十几公里路上下班，一家三口都围绕着你考试成绩上的那几个阿拉伯数字而奔波劳累，而欣喜怨愁，用得着吗？而且，越是这样的家庭，学生成绩单上的数字越小。还有，现在的中学生家庭，因孩子的成绩问题而引发的家庭矛盾不断增多，有的还闹到了不能生活在同一个屋檐下的地步。"

三个家伙直愣愣地看着我，天天说："有那么可怕吗？校长，您可别吓唬我们。"

我喝了一口随身带来的矿泉水，继续说："我不是吓唬你们，这样的事例我已见过不少了。现在的中学生家长，都希望自己的孩子有一个优秀的考试成绩，但不一定都懂得怎么样提高孩子的成绩。他们最简单，也是最常用的办法就是：择校、转班、补习。这三个办法不是毫无作用，但也不是灵丹妙药。宇辰你既然一年多前选择了实验中学，就应该静下心来在那里读书成长，不能三心二意，即使遇到什么困难，也应该学会自己去解决。转学其实就是在回避矛盾，这样的方式我不赞成。你可以把我的想法告诉你的爸爸妈妈。你爸爸找我要求把你转回我们学校时，我同意了他的要求。我之所以同意，是作为校长满足一名同事的要求，而不是赞成他对你所采取的用转学来提高成绩的办法。我也告诉了你的爸爸，转学还是不转学，要听听你的意见。”

听了我的这番话之后，宇辰没有想到我不但已经知道了他爸爸要他转学的事情，而且还为他考虑得这么细致。宇辰对我说：“我其实不想转学，老师同学都比较熟悉了，实验中学每年考 600 分以上的学生也很多，同学们你追我赶的学习风气也很浓。我决定不转学了，希望校长支持我。爸爸如果再找你，你就不同意，劝他不要让我转学。”

宇辰说这些话的时候，本来还想把爸爸妈妈为他转学争吵的事情告诉校长，但碍于两个同学在场，虽说是好朋友，可毕竟“家丑”不可外扬。于是，宇辰把还想说的话咽了下去。

“我支持你。”我对宇辰说完之后，又对另外两个学生说："你们还有什么事情吗？要是没有，我们等一会儿回学校打乒乓球去。我今天还带来了奖品，谁能打赢我，我就发给谁。"

天天几乎没有等我说完就举起手，说："我反对！我希望宇辰转到我们班来与我再做一次同学。打球我赞成。"

我拍了一下天天的肩膀，笑着说："转学的事反对无效，打球的事赞成有效。"

"校长你专制。"天天一边笑着，一边自己摸着自己的头。

卓凡和宇辰也笑起来了。

我也笑着说："没有办法啊，校长这点权力还是有的。"说完开始了今天的正式讲课。我说："我今天给你们的建议是：要有正确的成才观。你们高中毕业的时候，已经是18岁的社会公民了，应该肩负起家庭和社会责任。到时候你们在工作、读大学、出国留学三者之间选择，无论选哪一条路，只要你们高兴，我都支持。"

关于高中毕业直接工作的话题，三个学生讨论了好久。卓凡说："我要是不上大学，我们家肯定散伙。"宇辰也附和道："我们家也应该差不多。"唯独天天说："不至于吧，我爸常开玩笑说，只要我愿意，做一个技术工人也挺好。"讨论完之后，我们四人一起走下山，在学校打了一场乒乓球比赛，宇辰获得了第一名，天天获亚军，我名列第三，卓凡排在最后。我给他们三人都发了奖品，是一件纯白色的印有红字“珞珈山课堂”的T恤衫。卓凡说没有打过我，不能要奖品。我说：“今天先发给你，希望你下一次打赢我。”

“校长是逗我们玩的，你别那么认真。”天天和宇辰一边对卓凡说着话，一边推着卓凡安慰他：“走吧，我们回家吧。”

“校长再见！”

“同学们再见！”

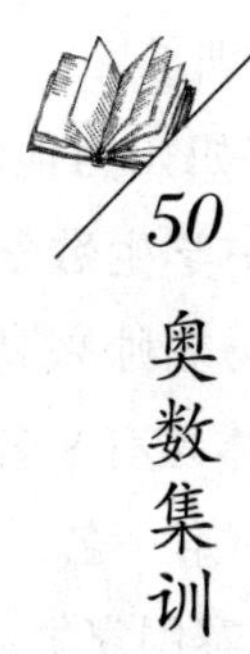

50 奥数集训

宇辰家里发生的转学之争，其实在卓凡家里也发生过。

自从卓凡的妈妈与杨老师闹出照片绯闻之后，卓凡的爸爸坚决要求把卓凡转学到东大附中读书，卓凡的妈妈则坚决反对。

她对卓凡的爸爸说："如果把卓凡转到东大附中读书，好像我真的与杨老师有什么不轨行为似的。我倒好说一点，无非是你不理解，可人家杨老师对我们儿子一片好心，一而再地帮我们儿子。我们把儿子转走了，叫别人怎么看这件事？杨老师还怎么教书育人？卓凡可以一走了之，杨老师怎么走？"

在卓凡家里，当然还是卓凡的妈妈说了算。

卓凡的意见也倾向于妈妈这一边。一则他不相信妈妈与杨老师是什么情人关系，二则他喜欢数学，一心想参加奥数比赛，而东大附中没有奥数训练班，转过去也就不能参加奥数培训了。

就这样，卓凡在爸爸妈妈为他转学还是不转学的争吵声中，迎来了全国中学生数学奥林匹克选拔赛。考试结果公布那一天，杨老师兴高采烈地走进教室，向全班同学大声宣布："本班有 8 名同学获得全省一等奖。卓凡获东湖师大附中第一名，全省第五名，并入选中学生数学奥林匹克竞赛国家集训队。"

今年的全国中学生数学奥林匹克竞赛集训就在东湖师大附中进行。参加集训的各路高手云集在东湖师大附中，30 名集训队员被分成 3 个班，每班 10 名。集训结束后，要从 30 名选手中挑出 5 名代表国家参加世界中学生数学奥林匹克竞赛。

卓凡是以本省最后一名入选国家队的。妈妈听说儿子入选国家集训队的消息后非常兴奋。那天晚自习的时候，她来到东湖师大附中，当面向杨老师致谢。她觉得儿子数学成绩的提高，与杨老师在儿子身上花费的心血是分不开的。同时，她想在学校附近租一个房子，让儿子放学后有一个好的休息场所，她每天下班后来陪陪儿子，也算是一种支持。

她把儿子从教室里叫出来，把租房子的想法告诉儿子时，儿子比较冷漠，一句话也没有说，就直接回到教室，继续上晚自习去了。她站在教室外面，一时不知所措。杨老师从办公室那边往教室走过来，看见她在教室外面站着，以为她在等卓凡，便说："要我帮你把卓凡叫出来吗？"

"不用叫，我在外面等他下自习。"她回答。

杨老师正准备迈开步子往前走，卓凡的妈妈接着说："杨老师，有一件事我想听听您的意见。我打算在学校附近租一个房子，在卓凡参加数学集训期间来这里陪他，您看怎么样？"

"我觉得可以。这段时期卓凡的数学成绩虽然有提高，但其他学科成绩有些下降，最重要的是他的性格越来越孤僻，很少与人说话，您可能要多注意这一点。"杨老师说完，就直接走进教室里去了。

杨老师的话，让卓凡妈妈的心一阵揪紧。卓凡近来确实很少开口说话，刚才自己问他该不该租房子陪读，他就一句话也不说，也不知道他心里是怎么想的，是同意，还是反对呢？

卓凡的妈妈不知道怎么办才好，她在校园里一圈又一圈地走来走去，好多感慨涌上心头。

白天听到的好消息已经让她高兴不起来了。儿子入选国家集训队可以说是卓凡的妈妈梦寐以求的希望。这个希望现在实现了，虽说离取得世界大奖还有距离，但儿子的成绩能达到这一步也是非常不容易的。她应该高兴，甚至应该庆祝才是。可是，看到儿子这样不言不语的样子，她又为儿子担心。是因为自己和杨老师的照片绯闻事件让儿子变成这样，还是别的什么原因呢？她多希望能够有一个人与她一起讨论一下呀！

她过去有这样的想法的时候，第一个想到的就是杨老师，而现在，她不好意思再去打扰杨老师了。因为她，杨老师的工作和生活都受到了一些影响。尽管她与杨老师之间没有什么见不得人的地方，但中国现阶段男人与女人之间的事情，越解释就越说不清楚。

她想，也许等儿子高考结束，他们这个家庭就要散伙了。现在为了儿子的高考，面对一切压力她只得忍着。家里一大一小两个男人，都不能让她这个女人省心。一个脾气暴躁，动不动就开口伤人；一个闷不做声，你说了十句，他答不了一句。她夹在这样两个男人中间，一个是自己的丈夫，一个是自己的儿子。她有一肚子的委屈，不知该向谁诉说。她如果不忍着，儿子可能就……她不敢再往别的方面想了。

别人家里都是父亲在承担教育儿子的责任，她的家里，儿子的教育从小都是她在承担。丈夫对儿子要么放纵不管，要么就是狂风暴雨般地吼叫，甚至打骂一通，所以儿子从小与父亲的关系就不怎么样。

她就这样一边想，一边在校园里转悠。

51 租房

卓凡的妈妈终于等到儿子下了晚自习，她走过去，把手搭在儿子的肩上，问他要不要吃夜宵。儿子耸一耸肩，似乎要把她搭在自己肩上的手耸下去，说了一句："你怎么还没有走？"

儿子的话让她伤心极了。

她的眼眶一热，一股湿热的东西就要流出来。她强忍着，对儿子说："我们去校外吃夜宵好不好？"

"我不饿。"儿子回答她。

"那我们去操场走一走，我想跟你说几句话。妈妈听说你入选了国家数学奥赛集训队，为你高兴了一整天。"

"说什么呢，有什么好高兴的，又不是拿了国际金奖。"

"能够入选国家集训队我已经很满意了，这已经获得北大清华的保送资格了。如果你高考不出现失误，上北大清华就没有什么问题了。”

“你回去吧，我要回宿舍了。”

儿子冷冷的回答，让她很失望，她仍然没有表现出来不快。她对儿子说：“我在学校附近租一个房子来陪读，你说行不行？”

“随你便。”儿子还是面无表情地回答她。

她见儿子这样，不好继续往下说，怕儿子不高兴，就说：“那你早点休息，我走了。”

儿子也没有跟她说再见，就朝宿舍的方向走去。

她今天是高高兴兴而来的。说实话，把儿子送到东湖师大附中，她期盼的就是能够有这样一天。现在这个目标实现了，可是看到儿子这个样子，她却又高兴不起来了。

儿子好像变得陌生了。

“我该怎么办呢？”她开着车，一路这样想着，回到家中。她把想租房子陪读的想法告诉了丈夫，丈夫也是这样一句话：“随你便，反正我没有时间去陪读。”

她对这个家越来越失望了。

第二天，她向电视台请了假，在儿子学校附近的几个居民小区寻找可以租住的房子。现在，儿子在她心目中是最重要的，丈夫说不定哪一天就不是她的了，工作干得再好也就这样了，而儿子是她的未来，是她的希望。即使这个家不存在了，儿子永远是她的儿子。她一边这样想着，一边跟房屋中介的人看一个又一个出租的房子，并与房东商谈房租。最后她选定了一个约 80 平方米的两居室的房子。她准备自己住一间，儿子住一间。既然丈夫不愿意来，那就由他好了。

她对这个租来的房子很满意。刚开始她准备只租到儿子数学集训结束，后来她想，儿子读高中只有一年多时间了，这是儿子人生的关键时期，干脆租一年半，陪儿子在这儿住到高中毕业。这样既陪了儿子，又免得天天回家与丈夫吵嘴。至于儿子高考之后，这个家该怎样就怎样，她也觉得没有多大意思了。

租好房子后，她怕儿子不乐意自己来陪读，便打电话给杨老师，请杨老师帮她说服儿子。现在，儿子最佩服杨老师，也最听杨老师的话。杨老师很快就告诉她，儿子很高兴妈妈来陪读。

杨老师告诉卓凡："你多幸福，妈妈这么爱你。"

卓凡已经有一段时期没有听到杨老师表扬他了。今天听到杨老师这么说，自然也就高兴了。

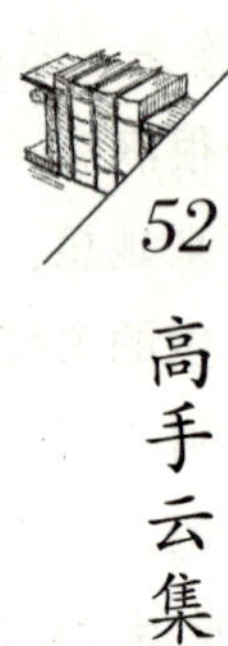

52 高手云集

数学集训开始后，卓凡就不在原来的班里上课了。他们 30 个从全国各地选拔来的数学尖子，10 个人组成一个班，由指导奥数的专家给他们上课。每天都有大量的练习，隔两三天就进行一次考试，卓凡感到了前所未有的压力。第一次考试卓凡处在第 24 名，成绩出来之后，杨老师专门找卓凡谈了一次心。

杨老师说："你们这 30 人的成绩虽然不一样，但实力应该是旗鼓相当的。现在你们比拼的就是意志，是心理素质。谁的心理素质好，能够以很好的心态来面对这次集训和选拔，谁就有希望胜出，代表国家去世界赛场角逐。否则，谁就会停止在现在这个阶段。能冲刺到集训队本身就说明你有相当强的实力，所以你不要怕。我分析了一下你的成绩，虽然目前排名靠后，但你与前几名的差距并不大。你失分主要在几个怪题上，因此你后一阶段要有意识地培养自己的跳跃思维能力，用你扎实的基本功去做一些发散性思考，扩大解题的思路。这样你就可以提高解怪题的能力，你就可能冲出中国，走向世界。”

杨老师的一席话，说得卓凡既佩服，又充满信心。杨老师分析得很有道理，他这次考试的失分原因，确实是杨老师分析的那样。那几道题目看起来很简单，就是不知从哪里入手，他是连猜带蒙才做完的，自然不会得分。

卓凡的妈妈看到儿子集中精力投入到数学集训之中，心里的高兴劲儿又上来了。她每天 5 点钟就起床，变着花样给儿子做早餐。周一到周日，每天的早餐都不一样。她这样做的目的，是想让儿子早晨起来从吃早餐开始就有一个好的心情，投入到新的一天的奥数集训之中。儿子吃完早餐之后，她就开车把儿子送到校门口。虽然只有几分钟的路程，但她还是坚持送儿子上学。送完儿子，她自己再回出租屋吃早餐，然后出门上班。中午饭和晚饭儿子还是在学校食堂吃。晚自习之后，她会为儿子准备一份夜宵。

儿子也没有辜负她的期望，每考一次成绩往前面进步一点。陪儿子集训的这段日子，她的生活充实忙碌而又甜蜜。

卓凡在杨老师的鼓励下，好像脑子一下子清晰了很多。一些原来不会解的题目，在集训班里讨论时，一点就明白，看来与各路高手做同学还真是不一样。有几名外省来的同学，真可以说得上是天才，每次考试都得满分。卓凡不敢想象，也不得不佩服。他一直以为自己喜欢数学，也有数学天赋，想不到真是天外有天。不过，他并不妒忌他们。相反，他很愿意与他们一起讨论，这种感觉和他平时在班里与同学讨论问题是不一样的。他觉得他们进入了一个数学的世界，数学的王国，他在这个王国里找到了知音，找到了快乐。

有一天，一个从江苏来参加集训的同学问卓凡："卓凡，我注意到你这几次考试的名次都在进步，我却止步不前，老是在 20 名之后，你是不是有什么秘诀呀？"

卓凡听到外地的同学这样问他，心里自然也就产生了一种特有的成就感。他说："我也没有什么秘诀，就是这段时间学习的感觉特别好，这种感觉我也不知道从哪里来的。"

那名同学说："我肯定没有冲出中国的希望了。我觉得你的希望很大。"

"但愿吧。"卓凡说。其实他的压力非常大，因为至今为止，他还没有冲进前五名。只有进入前五名的人，才有资格去参加世界数学奥赛。

卓凡的妈妈每天下班后就赶回租住房。她现在的任务就是为儿子洗衣做饭，让儿子全身心地投入数学集训。儿子每天回来虽然一身疲惫，但看上去心情不错。她不好问儿子的成绩，怕引起儿子的不快，只好隔三差五地给杨老师打电话询问。杨老师告诉她，儿子在集训队进步很大。她想，付出总是有回报的，她甚至后悔没有早一点来陪读。要是那样，说不定儿子不会像现在这样，变得少言寡语。

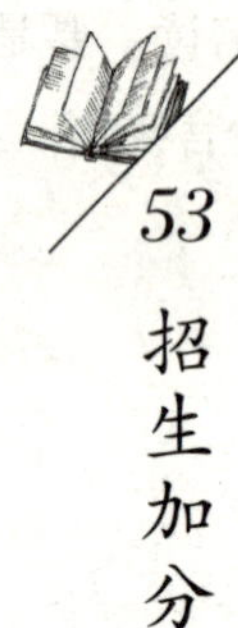

53 招生加分

一个月的集训生活很快就结束了。最后一次考试是决定谁代表中国去角逐世界中学生奥数金牌的关键时刻。那一天，杨老师在卓凡临进考场的时候，拍了拍他的肩膀，说："就把它当平时的考试，我相信你。"

卓凡朝杨老师笑了笑，也没有言语，就走进了考场。试卷发下来之后，卓凡看了看，觉得应该都可以做出来，顿觉天宽地阔。他马上动笔，埋着头刷刷地开始解题。他做得很顺手，一个一个地做下去，真的没有一个"拦路虎"。有几道题目他在解题的过程中，觉得有几种方式都可以，他选择了他最认可的一种。当他答完题的时候，看看表，还有约十分钟时间，他又看看周围，有几名同学早已答完，看样子已经开始检查了，有的同学不想检查，就在左顾右盼。他牢记杨老师的叮嘱，再简单的题目，答完后都要检查一遍。于是，他开始从头到尾检查自己的答卷。他在检查的过程中还真发现了几处错误。可惜的是，没有等他检查完毕，考试结束的铃声响了。他无奈地把试卷放在桌子上，站起身，等监考老师走过来将试卷和答题卡收走。他高兴地走出考场，看见妈妈在考场外等他，杨老师也在那里。

杨老师摸了一下他的头，说："辛苦了，不要管成绩如何，好好休息几天后再回班里上课。"

"谢谢杨老师！"卓凡说。

妈妈看见卓凡走出考场的高兴样子，也很高兴。她本来想请杨老师吃顿饭，感谢一下杨老师，但一想到照片绯闻，脸上顿觉一热，便打消了这个念头，只是对杨老师说："杨老师再见！"

决赛成绩很快就出来了，卓凡排名第六，仅一名之差无缘参加世界大赛。入选世界奥数大赛的五名选手都是满分，卓凡离满分差 2 分。可能是因为哪个题目疏忽大意被扣了分。卓凡感到很失望，但杨老师觉得卓凡已经发挥得相当不错了，几次在班里表扬了卓凡在数学集训队里的表现，还号召大家以卓凡参加奥数集训的精神，投入到高考学习之中。

卓凡的妈妈听到儿子的成绩后，也很高兴。虽然没有进入参加世界奥数大赛的名单，但国家集训队第六名的成绩，足以让儿子获得北大清华招生加分。儿子的高考成绩只要过重点线，上清华北大应该不会有太大的问题。不过，由于儿子在数学上用的功夫太多，其他高考科目成绩有所下滑。这是她比较担心的。

电视台里的同事听说她儿子获得了北大清华招生加分资格，都向她表示祝贺。现如今啊，这样的消息在家长们眼里，可是天大的喜讯啊！

有一位特别要好的女同事对卓凡的妈妈开玩笑说："我儿子要是有这么好的成绩，别说与老师搞什么照片绯闻，就是来真的我都愿意啊！"

玩笑之中，透露着一对好姐妹因为儿子取得优异的成绩而拥有的开心与自豪。

中国的妈妈们啊，为了儿子的考试成绩，她们付出再多的精力也心甘情愿。

这个月的珞珈山课堂，我让卓凡给宇辰和天天谈了参加奥数集训队的感受。

宇辰和天天非常羡慕卓凡有机会与国内这些顶尖级的高手在一起角逐。他们还半开玩笑地说："早知道有这样的机会，我们也要上东湖师大附中啊！"

我说："这正是今天我要给你们的建议：参加中学生奥赛利少弊多，卓凡已经参加了也就算了，宇辰和天天没有参加是你们的幸运。"

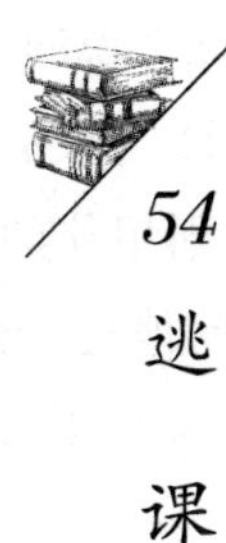

54 逃课

高二上学期的期中考试成绩出来了，卓凡考了540分。东湖市划定的重点线为551分，卓凡相差11分。这是他读高中以来第一次没有考过重点线。

卓凡回想到校长在珞珈山上给他的建议，以及对他期中考试成绩的预测，感慨万千！他想，我为什么老是被校长的话言中呢？

在珞珈山的时候，校长说他这次期中考试成绩可能过不了重点线，提醒他要注意正确面对。那天他嘴上没有反对，心里是不服气的。他心想，我怎么就过不了重点线呢？这是我读高中以来从来没有过的事情，这样的事情怎么可能发生在我的身上呢？

然而，这样的事情就是发生在他身上了。连日来，他觉得没有脸面走进教室，也没有脸面见到自己那么喜欢又那么关心自己的班主任杨老师。杨老师告诉他，这个成绩很正常，后段时间努力就行了，肯定会赶上来的。他想，这肯定是杨老师安慰他的话，因为只要有同学考砸了，老师都会这么说的。

卓凡在教室里无心上课，课堂上老师在讲什么他一点也听不进去。晚上回到租住的房子里，妈妈看到他不高兴的样子，也不敢问他是什么原因。

卓凡的妈妈打电话向杨老师询问，才知道卓凡期中考试成绩没有过重点线。这个一心望子成龙的母亲，听到儿子的分数后，也不知如何是好。她在电话中连声说："怎么会这样呢？怎么会这样呢？"挂了电话，她瘫坐在客厅的沙发上，嘴里还在不停地念叨："怎么会这样呢？怎么会这样呢？"作为一个母亲，她觉得能够为儿子付出的东西，她都付出了，但怎么总是收获不到她想收获的东西呢？

儿子每天放学回来后，就一言不发地闷头做练习，机械性地按照她的安排吃饭、洗漱、睡觉，偶尔看一看电视。她坚决不让儿子上网，儿子也很听她的话，不上网。整个屋子里，根本不像住着一对母子，没有一点生气。卓凡的爸爸偶尔也来这里看一看，一般不在这里过夜。儿子睡了以后，他也就回家去了。卓凡的妈妈虽然内心充满无限失望与伤感，但是，每次与儿子说话，还是装出若无其事的样子。

卓凡在这样的日子里，苦熬着自己的高中时光。他变得越来越烦躁，越来越沉默。有一天物理课之后，他问邻桌同学一个问题。那个同学一边准备给他讲解，一边随口说了一句："这个题目很简单呀！"这样随口说出的一句话，在卓凡看来，是同学瞧不起他，极大地伤了他的自尊心。他与同学吵闹了一番，弄得全班同学都有一些莫名其妙。吵闹过后，卓凡向杨老师请了假，说自己身体不舒服，要回家休息几天。

卓凡离开学校后，不知道到哪儿去，他有意无意地走进了学校附近的网吧。上网后他不知道该看一些什么，过去他是不怎么上网的，他把所有的时间用在了功课和奥数训练上。而现在，功课成绩下降了这么多，奥数竞赛也没有能冲出国门。他失望极了，后悔当初根本不应该参加什么奥数训练。宇辰和天天多快乐呀！成绩也在不断提高。特别是天天，就在离家几分钟的东大附中读书，中考成绩差自己几十分，现在反过来比自己多出几十分。那天他打电话问宇辰和天天的期中考试成绩时，宇辰告诉他考了 601 分，这在情理之中。当天天告诉他考了 632 分时，他都怀疑自己是不是听错了，再加 8 分天天就多他 100 分了。初中三年，他的成绩一直比天天好许多，上高中一年多怎么就变成这样了呢？

卓凡在想这些事情的时候，鼠标点击到了电影网站，他点开了一个穿越电影。慢慢地，他进入到了故事情节之中，不再考虑什么成绩和分数。他陶醉于上天入地、古往今来的时空穿越故事之中，他感到了前所未有的紧张，又感到了前所未有的惬意。卓凡看了一部又一部这样的影片，他忘了吃午饭，也忘了吃晚饭。他在网吧里待了一整天，直到平时下自习该回家的时间，才恋恋不舍地离开网吧。走出网吧的时候，他觉得浑身无力，但他感到了一种过去不曾有过的满足与快意，因为这一天，他忘掉了所有学习上的烦恼。

卓凡回到租住屋的时候，妈妈正在看电视。他顿感肚子饿了，问妈妈有没有吃的。听儿子说要吃东西，妈妈赶紧说："有，有，我马上给你弄去。"坐在沙发上，卓凡无心看电视，自然也不可能去做练习，还在回想白天看过的那些穿越时空的故事情节。他想：要是我现在一下子就到 20 年、30 年，甚至 60 年之后该多好啊，那样说不定这个世界上已经没有我了。

吃完妈妈送过来的鸡蛋面条，他装模作样地做了一会儿作业，就上床睡觉了。因为看了一天的电影实在太累，他倒下就睡着了。

这一夜，卓凡睡得特别香。

第二天早晨起来的时候，他在想，今天去干什么呢？吃完妈妈做的早餐，他还是不由自主地朝那个网吧走过去。

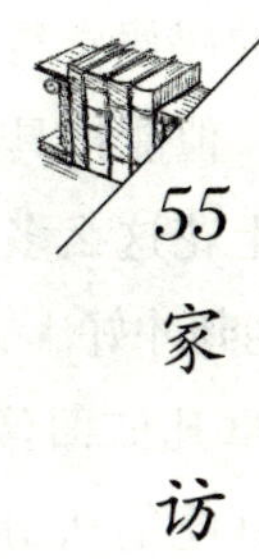

55 家 访

这样的日子过了快一个星期，直到杨老师给卓凡的妈妈打电话，关心地问起卓凡的身体好了没有，可不可以上学了，卓凡的妈妈才知道儿子这些天没有去上学。她赶紧从单位请假跑到学校找杨老师，杨老师告诉她："五天前卓凡请了假，说身体不舒服。我这几天比较忙，就忘了问此事，今天有空才想起卓凡已经几天没有上课了，既担心他的病情，又担心他的课落下太多会不好办，才给您打电话。"

卓凡的妈妈告诉杨老师："儿子这些天每天从家里按时出门，也按时回家，根本没有病，也没告诉我他在做什么。怎么会这样呢？"

杨老师安慰卓凡的妈妈说："可能是这次考试给他带来的压力太大造成的，他没有选择离家出走，已经是不错的了。这样，您继续装作不知道，我也不主动问他，今天晚上我去您家，请卓凡明天来上课，我想他会按我的要求去做的。”

“那谢谢您。”卓凡的妈妈觉得，杨老师真是一位会教书育人的优秀老师。他能把具体的方法考虑得这么周全，在她的儿子身上花这么多心思和时间，她真的不知道该怎么感谢杨老师才好。

晚上回来的时候，卓凡依旧像前几天一样叫饿。卓凡的妈妈很快就弄了好吃的从厨房里端出来。卓凡正在吃的时候，杨老师来家访了，这着实让卓凡吃了一惊。他想，该不是逃课的事露馅了吧？反正就这样了，也没有什么好怕的。这样想着，他很沉稳地与杨老师打了一声招呼，继续把碗里的东西吃完。

杨老师与卓凡的妈妈聊了一些电视方面的话题，都是卓凡妈妈最近主持的一些节目内容。看来杨老师确实是卓凡妈妈的粉丝，要不然怎么会对她主持的节目都这么清楚。卓凡心想：他们怎么不聊我的学习呢？好怪啊！

他们聊天的时候，卓凡在自己的房里做练习。杨老师走的时候，对卓凡说：“卓凡，今天早点休息，明天还要上学呢！”

卓凡不知道该怎么回答杨老师的话，只是回答：“哎，杨老师我送您。”

“不用送，几分钟就到学校了。”杨老师说着就走了，卓凡的妈妈送了出去。

杨老师走后，卓凡感到心里怪怪的，他觉得这几天自己的行为对不起杨老师，也对不起妈妈。妈妈进门的时候，轻轻打开他的房门看他睡了没有，他装作睡着的样子，没有与妈妈说话。说什么呢？告诉她自己这几天逃学的真实情况吗？他没有这个勇气。

卓凡想着这些事，久久不能入睡。

第二天，他早早地来到学校，同学们都关心地问他身体好了没有，他嗯嗯几声，算是应付了过去。小霞问得特别仔细，还把这几天的课堂笔记借给他，告诉他这几天学了一些什么知识，让他先看教材和她的笔记，不懂的她再给他讲。卓凡觉得，这个班的同学其实对他还是很不错的，也许是自己错怪了同学们。

56 妈妈的后悔

昨天晚上久久不能入睡的，还有卓凡的妈妈。这位几乎把一切心思和精力用在了儿子身上的母亲，想不到儿子不仅学习成绩下降了，而且还开始背着家长和老师逃学了。他每天还装模作样地去上学，欺骗妈妈，又向老师称病请假，欺骗老师。一夜之间，这个从她肚子里生出来，也是她一手带大的儿子，仿佛变得让她不认识了。

她想起怀孕生孩子的那段时间，正是自己事业的高峰期，她是东湖市最当红的节目主持人。当不小心怀上孩子的时候，她和丈夫都准备将孩子打掉，因为他们的工作学习都太忙了，无论在心理上还是在生活上，都没有做好这个准备，但是孩子却不期而至了。

她把打掉孩子的想法告诉自己的母亲的时候，母亲坚决不同意。母亲说："你的年龄也不小了，这时候还不要孩子，说不定以后想怀孩子都很困难。"她还举了很多身边的例子。正是母亲的这番话，让她生了这个儿子。因为作为一个女人，事业做得再好，生儿育女之事还是要完成的。

儿子生出来之后，母亲照顾了她一段时间，也忙自己的工作去了。那时候，她的父母和公爹公婆都没有退休，没有时间照顾她和儿子。她清楚地记得，儿子上幼儿园之前，她最怕的一件事情就是小保姆辞工。一旦小保姆辞工，她就又要抱着儿子到各个劳动力中介市场去找保姆。那时，家政公司还没有像现在这样普遍。还有，她既没有手机，也没有汽车，只能抱着儿子，按照报纸上的广告，乘公交车满街找保姆。有好多次，怀里的儿子顶不住夏天的烈日和冬天的北风，在她怀里大声哭喊。她抱着儿子，满腔的无助和委屈也涌上心头，一屁股坐在马路边大哭起来，完全没有了美女主播的风采。好在路上的行人都行色匆匆地赶着自己的路，也没有人留意到她和她怀里的儿子。她们哭够了，就自己回家了。那时丈夫正在东湖大学读硕士研究生，也在准备律师资格证书考试，没有时间照顾儿子。

再后来儿子上幼儿园，上小学，上初中，上高中，都是她在操心。

想到与儿子一路走过来的这一切，卓凡的妈妈感到一阵阵心酸。再想到儿子如果成绩继续这样滑下去，考不上重点大学，今后在世界上怎么立足？如果儿子今后没有一份安稳的好工作，她的晚年也不会幸福。

卓凡的妈妈翻来覆去地想着这些事，几乎一夜没有睡着。早晨起来，头昏沉沉的。给儿子做完早餐后，趁儿子吃早餐的机会，她冲了一个热水澡，浑身感觉轻松了一些。儿子出门后，她装作去散步的样子，远远地跟在儿子后面，看到儿子走进了学校大门，走上教学楼之后，她才返回租住屋。

她完全没有心思去上班了，打了个电话向主任请了假。儿子该怎么办啊？她满脑子全是儿子的影子，儿子成长过程中的一个个场景，儿子未来生活中可能出现的一幅幅画面，这些东西胡乱地穿越着时空，交织在一起，理都理不清，她也不想去理清。这时候的她，与当初她抱着儿子满大街找小保姆的时候一样感到无助。要是在过去，她一定会去找杨老师，即使不能得到很好的解决方案，就是倾诉一番，也会让她心情舒畅很多。可是，现在不行了。自从闹出照片绯闻，她担心杨老师在学校的工作会受影响，也担心儿子被别人背后议论。所以，她不能像过去那样与杨老师约会了。

在租住屋犹豫了半天，她决定去书店转一转，看有没有正确引导儿子走过高中生活的书。她好长时间没有去书店了，过去陪儿子上书店，总是买一些作文和习题集之类的书。今天她去了心理和中学生励志类书柜。她从众多书籍中找到了一本书《一个中学校长与学生的116次谈话》。这本书从学生进入高中的第一周开始，一直到毕业时的最后一周，作为高中校长的作者每周围绕学生遇到的一个问题与学生谈一次话。困扰在她心里的儿子成长中的问题，这本书里都谈到了。她一边看作者简介，一边感叹现如今还有这么细心的中学校长。心想，要是儿子遇到这样的中学校长该有多好啊！看完作者简介，她心头为之一震。此书的作者不是别人，正是卓凡读初中时的东大附中的校长。这位校长她见过几次，有一次校长还专门开家长会，希望初中毕业生选择在东大附中读高中，可惜她当时根本没有听进去。那时，她一心只想着让儿子上东湖市最好的高中。现在看来，当初她为儿子作出的选择也许是错误的。

她立刻买了一本，并决定去东大附中拜访校长。

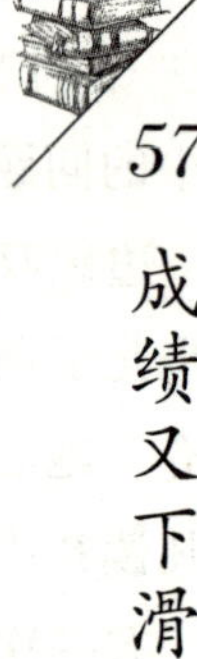

57 成绩又下滑了

卓凡的妈妈来见我，我一点都不意外。我早估计到卓凡的成绩肯定会下降，也估计到卓凡的妈妈受不了这样的打击，要找人诉说内心的痛苦。近几年来，慕名来找我聊学生成长的家长，多数是像她一样，遇到了孩子成长中的困惑，买了我的书，还要进一步与我聊一聊。其实，该说的话，我在那本书里已经说了，也没有什么新的东西了。但家长们就是要见我，我只好请他们来我的办公室，给他们沏上茶，慢慢听他们倾诉。我间或插上几句话，讲一讲我的看法和建议。我与家长们的这些聊天对他们的孩子成长有没有用，我不敢肯定，但他们从我的办公室走出去的时候，至少心情舒畅了很多。从某种意义上讲，我似乎是这些家长的心理咨询师。

与听别的家长述说时一样，我耐心听完卓凡妈妈的述说。其实，我对卓凡非常了解，不需要听她说这么长时间。卓凡走到今天这个状况，在我的意料之中。可是如果当初我建议他不进东湖师大附中，不参加奥数训练，卓凡的妈妈和爸爸肯定不会同意的。他们非得要把孩子弄到今天这个样子之后，才觉得也许当初选择错了，而这个时候，已经晚了。不仅孩子的成绩下降了，而且性格也变得不是家长期望的那样了。

我给卓凡的妈妈提了一些建议，告诉她卓凡本质上还是一个不错的学生，遇到这样的情况产生一点偏差也是正常的。家长为他的成绩着急，他自己怎么可能不着急呢？要慢慢来，成绩下降很容易，提高是很慢的，这一点要有思想准备。还有，从现在起，最好每天都要与卓凡的班主任通一次电话，时刻关注他的学习和心理情况，否则，就会向更坏的方向发展。

卓凡的妈妈边听边点头，也许是向人倾诉完之后心里轻松了一些吧。走的时候她的脸色比来的时候好了许多。

我听了卓凡的情况后，心里倍感沉重。按理，卓凡不应该发展到这个样子的。前几次珞珈山课堂，我已经发现他话语越来越少，但没想到他会逃学。我想，这个月的珞珈山课堂，我要与他们谈一谈这个问题。

到了我们珞珈山课堂时间，我去得很早，山上一个人都没有。

12月的珞珈山，已经很寒冷了。再加上，山上本来就比山下的气温低几度，所以我上山的时候，感到寒意很浓。我见三个学生还没有来，就开始在山上慢跑。跑了几个来回之后，背心开始流汗。我停下脚步，远远地看到三个学生朝我跑过来。

“校长早！”宇辰和天天向我打招呼，卓凡朝我笑了一下，也算是打了招呼。我说：“同学们早！你们冷不冷啊？”

“冷啊，我们跑上来的还冷。”他们说。

“我跑了几个来回，已经流汗了。要不你们也接着跑几个来回？”我给他们建议。

“好啊。”天天说着就从我身边跑过去了，宇辰和卓凡也跟着跑了过去。我在原地伸伸胳膊，扭扭腰，做做深呼吸，享受着珞珈山深冬时节特有的风情。

三个学生跑了一会儿，就在我身边停下来。宇辰说：“校长，天天这次期中考试得了632分，比我多31分，你说我下次考试能赶上他吗？”

“你也考得不错呀！”我说：“能不能赶上不是最重要的，最重要的是你这种想赶超他的心态。我支持你。”

“校长你可不能偏心哦！我现在是你的正宗学生，他们都不是我们学校的学生了。”天天在一旁嚷嚷。

“你们都是我的学生，我不会偏心，你这个鬼家伙。”我说完摸了一下天天的头，天天不好意思地耸耸肩，朝卓凡和宇辰做了一个怪相。

卓凡在一旁一直不做声。我问他："卓凡，你想什么呢?"

"没有想什么，我这次考得太糟了，不好意思向校长报告。"卓凡低着头说。

"你也不错了，你花了那么多时间去训练奥数，能考出这样的分数比我想象的要好。"我鼓励他说："不要灰心，会赶上来的。"

我接着对三个学生说："我给你们提一个醒，高二是一个高中生能不能正常成长的分水岭，这一年的时光对你们来说非常重要。"

我没有专门针对卓凡说这一番话，那样会大大刺伤他的自尊心。但我后面的讲课内容，很大程度上是说给卓凡听的。

我今天要求三个学生记住一句话：成绩下滑不可怕，可怕的是你的思想下滑。

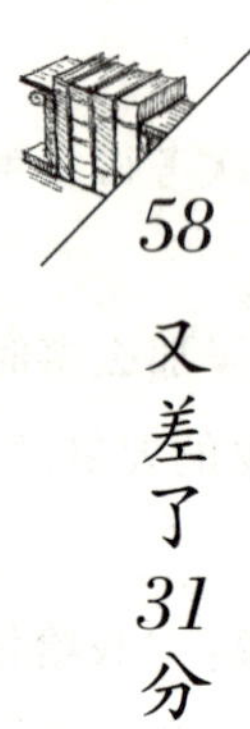

58 又差了31分

为儿子的考试成绩忧愁的不只是卓凡的妈妈和爸爸，宇辰的爸爸和妈妈也在为儿子的成绩着急！原来想让儿子转学的宇辰的爸爸妈妈，在听取老师和周围同事们的意见之后，决定还是不让儿子转学。当然最主要的还是宇辰不想转学。

不转学那还得让老师重视儿子呀！宇辰的妈妈背着宇辰，仍然采取给班主任周老师送礼物，请全体科任老师吃饭的办法，来期望老师们在儿子身上多花一些功夫，让儿子的成绩能够有所提高。饭桌上，这位在企业里可以呼风唤雨的财务副总，笑着脸弯着腰给儿子的老师们一个一个敬酒。虽然有的老师比儿子大不了几岁，论辈分还是她的晚辈，她依然是一口一个

“您”地称呼。她做这些事的时候，是发自内心的，并不觉得有什么委屈和不安，为了儿子的成绩嘛。老师们花时间精力来培养自己的儿子，自己花一点时间请人家吃饭是应该的。她这样想着，心甘情愿地为儿子做着这些，并且还不能让儿子知道，因为儿子坚决反对她这样做。

当本学期期中考试成绩出来，得知宇辰考了 601 分的时候，宇辰的妈妈高兴得不得了，觉得自己的付出终于有了回报。这是宇辰进入高中以来考试成绩第一次超过 600 分。得知分数的那一天，她感觉走起路来都轻快了许多。在公司里，几个部下向她请示汇报工作，要在平时，她肯定会与他们深入讨论后，才作出同不同意的决定，但那一天部下请示的事情，她听完汇报后就全部同意了。

不过，宇辰妈妈的这份高兴劲头没有保持几天。几天之后，宇辰的爸爸告诉她，天天期中考试成绩是 632 分。怎么还是差 30 多分呢？比上一次考试还多差了 1 分。宇辰的妈妈在心里这样想：当初是不是真的为儿子选错了学校，也选错了班？宇辰的中考成绩比天天多 30 分，为什么进入高中后成绩总是不如天天了呢？她感觉心里酸酸的。

就在宇辰和卓凡的爸爸妈妈都在为儿子的学习成绩没有提高而苦恼的时候，天天的爸爸妈妈开始思考和着手准备儿子的寒假怎么过，怎么让他更进一步地接触社会，更全面地了解社会。

这两位在中国接受完基础教育和本科教育，又在海外获得了硕士和博士学位的海归人士，他们对中国的基础教育有自己的独特看法。他们不像一些家长那样要么肯定，要么否定中国的基础教育。他们不完全迎合，也不完全抛弃当前社会“唯分数而优秀”的这样一种强大的育人氛围。他们更看重的是儿子的品行修养、自信力、对社会的认识能力、社会伦理道德、价值观念，等等。他们还认为，儿子的学习是他自己的事情，如果他不想学习，道理他们会给儿子讲清楚，那就是“你今后要走一条为不学习而付出代价的人生之路”，这是他们要天天时刻记住的一句话。如果天天选择不认真读书，他们也不会反对。不读书就会是不读书的生存和生活方式，只要儿子明白这个道理就行了。所以他们在儿子的学习成绩方面不但自己没有压力，也不给儿子压力。他们这样做，并不是放弃对儿子的正确引导和教育。相反，他们对儿子的正面引导，或者说，在儿子成长过程中体现出来的他们教育思想的痕迹，比别的家长都要深刻。而这种深刻的东西，表面上看不见，摸不着，它不是一时一事的，是宏观的、长远的，又是具体的、细微的，体现在儿子的精神和思想方面。

正因为这样，当别的家长在家里讨论怎样为儿子补课，提高儿子考试成绩的时候，他们在讨论儿子寒假期间怎样进一步接触社会。他们坚决反对像一些家长那样花成千上万的钱，在假期让儿子上各种培训班，或者请一对一辅导的家教。他们宁愿花钱让儿子去做一些其他的事情，也不愿意儿子放假与没放假一样，甚至放假比不放假更“杯具（悲剧）”。

59

到欧洲度假

在思考这些问题的时候，天天的爸爸接到了一个在马德里工作的老同学的电话，说他今年春节准备回中国过年，如果有可能的话，到时候把在国内的老同学约在一起搞一个小型聚会。天天的爸爸接这个电话的时候，突然在脑子里闪出一个念头，何不让儿子去欧洲走一趟，让他看一看欧洲的中学生怎样在读书，也让他了解一下欧洲当今的社会、文化、经济发展状况。他放下电话就与妻子商量此事，妻子完全赞同，说这主意不错。她还上网查了一下机票价格，北京至马德里的往返票价最低的才 7000 多元，比报新东方寒假口语班还便宜。他们接着就给在马德里的老同学打电话，希望他能够帮儿子联系一所高中学校，在中国的寒假期间儿子到那所学校去跟班上两周的课程。那位同学满口答应："那好啊，这段时间正好我们全家都回国休假，你的儿子可以住在我们家里。"

天天的爸爸妈妈想不到事情这么顺利，他们打算让儿子先去西班牙的首都马德里上两周课，然后让儿子到欧盟的其他几个国家走马观花地看一看。

天天的爷爷这几天正好来城里看孙子，听到儿子儿媳的谈话内容之后，说："这样做好是好，可你们不要把我的孙子搞丢了。让他一个人跑那么远，人生地不熟，语言又不通。"

天天的妈妈说："您老放心好了，整个欧洲的公共服务场所，英语还是可以派上用场的。我们的儿子如果摸不到回家的路了，我们也不要他了。十七八岁的儿子，如果连回家的路都不认识，那我们要他有什么用？那还像您老的孙子吗？"

一席话说得天天的爷爷高兴得不得了。

爷爷说："我的孙子是不错，那一次春节回家帮我粉刷房屋，到现在村里的人还夸他呢！"

天天下晚自习回到家里之后，爸爸妈妈把让他去欧洲的想法告诉他，他先是高兴地立马跑到电脑上查资料，后来又担心地说："这个学期学校的教学进度加快了，老师要在高二把高三的内容全部学完，高三用整年的时间复习备考。这个寒假学校组织补课，老师肯定要上新课。我担心去欧洲之后，功课会掉下来。"

天天的爸爸给儿子建议："你出去的时候，把老师准备上新课的教材带上，利用空余时间自学，还可以与西班牙的学生讨论一下教材上的内容。遇到不懂的问题，每天我和你妈妈与你约定一个时间在网上讨论。这样做的效果不一定比你在学校补课差。"

"这主意不错。"天天高兴得与爸爸击起掌来。爷爷和妈妈看着这对父子的亲热劲头，也在一旁笑着，整个屋子里充满欢声笑语。

第二天课间的时候，天天跑到余老师的办公室，将自己假期准备去欧洲的事告诉了班主任余老师。

余老师说："主意倒是一个好主意，就是怕功课掉下来。"

天天将爸爸的建议告诉了余老师，余老师说："你爸爸这个建议还真不错。这样，你自学过程中，遇到数学方面的问题，就与我在 QQ 上讨论。其他学科你也可以征求一下各科老师的意见。他们应该会支持你的。"

天天照余老师的建议，一个一个地征求各科老师的意见，老师们都一致支持天天去欧洲，还愿意帮助他补功课。

天天觉得，这个班的老师们对他真好。他暗自庆幸，当初选择在东大附中读高中是多么正确啊！尤其是他想到卓凡上一次连重点线都没考过的时候，一股发自内心的幸福感油然而生。在初中三年，卓凡一直是他追赶的目标呀！

他在为自己庆幸的时候，也为卓凡深感惋惜。毕竟他们是好朋友，他不希望，也不忍心看到，卓凡在高考的时候考不上重点大学。

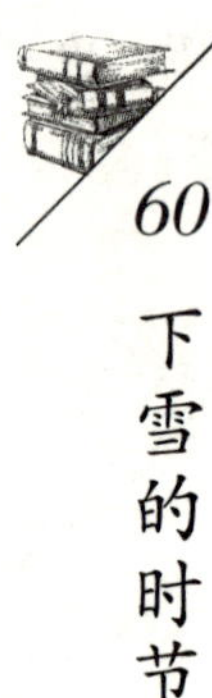

60 下雪的时节

天天高高兴兴地上课听讲做练习，同时他盼着这个月珞珈山课堂的时间快点到来，他急切地想把准备去欧洲的消息告诉校长和两个好朋友。在天天的心里，珞珈山课堂已经成为他高中生活中必不可少的一部分。他遇到什么高兴的事，苦恼的事，最想去的地方就是学校背后的珞珈山，就是与校长、卓凡和宇辰一起讨论。

珞珈山课堂的那天，天天第一个冒着鹅毛大雪登上珞珈山。

那天，我上山的时候，雪下得特别大。山林湖水都笼罩在一片落雪的世界之中，看不清方向。三个学生已经在山上等我好久了。下了这么大的雪，他们竟然一个也没有失约。望着他们在寒风中瑟缩的样子，我心里顿时生出一股暖意。我把他们拉到一棵巨大的柏树下面，仍然有雪花不断地飞落在我们身上。北风呼呼地吹过我们的身旁，林子里的风，吹起来就像吹哨子一般地响。我看今天的风雪没有停息的样子，就对三个学生说："同学们，我们今天换一个地方吧，去我的办公室怎样？"三个学生也被这北风吹得实在受不了，齐声说："好啊！"

下了山，到了我的办公室，我给三个学生倒上热茶，打开了空调，室内的温度开始上升，我们围坐在沙发上，讨论假期怎么安排的话题。

天天率先讲了他去欧洲的打算，卓凡和宇辰羡慕不已。

宇辰说："我就没有什么好说的了，妈妈给我定了明确要求，要与天天比高低。我除了参加学校的补课，妈妈还让我参加了周老师组织的一个寒假数学兴趣小组，实际上就是补习小组。另外，我的物理成绩不是太好，妈妈为我请了一个家教。"宇辰一副无可奈何的表情。

卓凡什么也不想说，我明白上次考试给他带来的心理压力一直没有让他走出来。马上又要进行期末考试了，这次考试的压力可能更大。我看到他这个样子，真担心他能不能过这一关。而他的爸爸妈妈全然不顾儿子的心理状况，还在希望他快点把成绩赶上来。

我对卓凡说："关于成绩的事，我上次已经对你说了那么多，考试结果你真的不要太在意，关键是学习的过程我们要把握好。你说呢?”

卓凡见我直接问他，不好意思还不开口，他对我说：“我假期肯定要补课，我的补课计划是妈妈和杨老师帮我安排的。除了数学不补课，其他各科都是一对一辅导。多数时间我还是与班里的同学一块儿补课。还有，杨老师要求我多进行预习和复习。像天天这样去西班牙与中学生交流，我想都不敢去想。”说完也就不再言语。

我告诉他们：“这个寒假，是一个比较特别的假期，你们的高中生活过了一半，课程内容学习了高中全部内容的一半多。这个假期，你们为了更好地向前看，应该回头瞄一下，也就是要把已经学过的知识点梳理一下，看哪些掌握得比较好，哪些掌握得不够好。补习我虽然不赞成，但也不是完全反对。关键是补习的内容要有针对性，要适合你们自己。你们三个人的成绩都是不错的，补习也会有一定的收获，所以你们也不要从心里反感学校和家长的一些安排。否则，对你们没有任何好处。尤其是卓凡和宇辰，一定要把心态摆正。”

接着，我开始了今天的讲课，我告诉三个学生：分数不是我们人生的目标，它只是我们人生道路上某一阶段的承载形式之一，没有它，我们一样能前行。

讲完课之后，我们又讨论了一些其他轻松的话题，主要他们三个人在讨论，什么球星啦，歌星啦，影视明星啦，等等。我平时在这方面没有关注多少，也就加入不了他们的讨论。

讨论结束的时候，我对他们说：“你们三个人是第一次一起到我办公室。这样，为了纪念这次聚会，你们每个人在我的书柜里随便挑选一本书，我把这本书签字送给你们。”

三个家伙高兴地跑到我的书柜前，不知选什么书好。天天第一个挑出一本书《列国志·西班牙》，卓凡挑了本《美国哲学史》，宇辰挑了一本《在东大附中读书的故事》。

我给他们一一签上我的名字，并没有问他们为什么要选这样一本书，三个家伙有说有笑地离开了我的办公室。

窗外，仍然飘着鹅毛大雪。我站在窗前，目送着我的三个学生穿过操场，走出校园大门。

多么可爱的学生啊！我们这个社会为什么非得让一次次考试，让一个个分数，压得他们喘不过气来呢？

除了分数，他们就没有别的出路了吗？

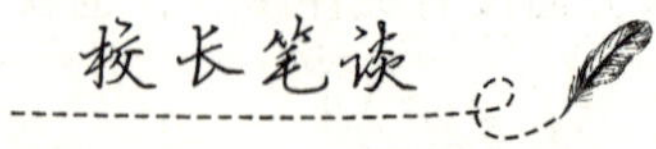

每一条小河都应该向前奔腾

我像你这个年龄的时候，也在念高中。每天天刚亮就起床，步行七八里路上学，每天从学校到家里要走四个来回。为了下午上课不迟到，中午的来回几乎是跑着回家，跑着到校。只有下了晚自习回家，我的脚步才稍稍慢一些地行走在春绿秋黄的田间小道上。

上学的路上，我要经过一条小河。那是一条非常小的河，我至今不知道她的名字。也许在我看来她是一条小河，而在别人看来，她就是一条沟，一条渠。但不管她是什么，她每天都在我的脚下静静地流淌，让高中时代的我生出许多遐想，也成为我现在关于高中生活记忆的一朵美丽的浪花。

那时候我到得最远的地方就是县城。我不知道天下的路有多长，平原之外的山有多高，高山外的海有多广。那时候我常想，脚下的这条小河能通向大海吗？她离大海有多远呢？

后来，我从那个农村中学以高考第一名的成绩考上了师范学校，到今年正好三十年。我走过许多条路，见过了许多名山大川，当然也不只一次地亲近过大海。

中学时代印在心底里的那条小河，在岁月的打磨中自然也就变得模糊起来了。

前几天，我在准备给你讲一点什么的时候，回想起自己高中时代那些美好记忆，我忽然发现，那条名不见经传的小河竟然也是通向大海的。小河的出口是故乡的一条大河——汉北河，汉北河的出口是汉江，汉江的出口是长江，到了长江，就不愁到不了大海了。

九曲回环，百川归海。年轻的时候，我不知道这条小河可以通向大海，我只知道她一直在家乡的田野里静静地流淌，滋润着小河两岸的庄稼草木。

我闭上眼睛，回想起高中以来所走过的路，突然觉得，自己就像中学时代上学路上的那条静静流淌的小河，那条名不见经传，在纷争的人世间几乎让人感觉不到她存在，却在不知不觉中几十年如一日地，静静地奔向大海的小河。

我猛然领悟到，一条河流再小，只要她在永不停息地向前流淌，她就不是一潭死水，她就有生命的意义和价值。

在静静的流淌中，我享受着属于自己的孤独与喧闹，承载着人世间的各种烦忧与甜美，品尝着与同时代的人一起为社会发展和时代进步而努力的奉献与收获。

我相信，你的人生之路，一定会比我更加精彩。假如你也是一条向前奔腾的小河，我相信你是可以奔向大海的。

但是你要明白，在奔向大海的过程中，你不可能是一路欢歌，更多的是风雨同行，更多的是险滩激流。

高中，尤其是高三的磨炼，就是你人生遇到的第一个最大的险滩激流。怎样才能越过这个险滩激流？我建议你记住这样一句话——

并不是每一条小河都流进大海，

但每一条小河都应该奔腾向前。

你刚刚经历了9月月考，在高三剩下的10个月里，这样的考试还有很多。无论你这次考试的成绩怎样，你都要把这次成绩仅仅当作是一个里程碑，而不能作为一个沉重的包袱。要定好一个恰如其分的目标，轻装上阵，力争取得一个属于你自己的满意的成绩。

只要你努力了，500分、600分是优秀的，300分、400分也是优秀的。如果你不努力，考多少分我都不会认为你是优秀的。

1979年与我同一年参加高考的一个老乡，考上了清华大学，博士毕业却找不到一份体面的工作，最后在加拿大多伦多放弃了自己的生命，留下两个孩子，也没有为父母养老送终，伴随了他十多年的妻子也成了一只寂寞的孤雁。家庭责任、社会责任，他都没有肩负起来，你能说他是优秀的吗？我不能对这样的人生做出肯定的回答。

与此相反，即使他当年没有考上好的大学，但是他能够用自己的勤勉和智慧，在社会上找到一份养家糊口的工作，过一种平平淡淡的日子，能够很好地承担起家庭和社会的责任，我们能说他不是优秀的吗？

不管这次的考试成绩如何，也不管你面临多少困难，在高三的日子里，你任何时候都要记得——

并不是每一条小河都流进大海，

但每一条小河都应该奔腾向前。

如此，你任何时候都不能轻言放弃，不放弃就有希望。努力就有收获，奋斗就能超过别人。我们学校今年考出 646 分的一位同学，中考成绩在武汉市排 10000 名之后，高考成绩是全省第 341 名。这不是神话，而是你的师兄创造的成绩。他去年 9 月的调考成绩是 549 分，并不是特别拔尖。他奋斗了 10 个月，增加了 97 分。你们现在也到了制订目标、开始奋斗的时候了。

当然，不是每一个学生都可以达到 600 分左右的骄人成绩，但每一个学生都应该挖掘出自己最大的学习潜能，在自己已有的成绩上有所提高。

这句话不仅仅是一种激励，而是完全可以做到的。

今年 2 月，一位家长找到我，说他的孩子月考只考了 200 多分，孩子准备考美术院校，问我有什么办法把孩子的成绩提高到 350 分以上，我给他介绍了一种单独排课表，单独上课的办法。他照着做了，今年他女儿的高考成绩是 386 分，如愿考上了湖北美术学院。这样的故事还有两个：一个学生上了武汉理工大学，是一个从 100 多分到 378 分的故事。还有一个上了华中师范大学，是一个从 300 多分到 550 分的故事。

我向以上三位同学的家长推荐这个办法的时候，

也谈到了这个办法所存在的风险。但家长很坚定，说只要有一线希望就要做百分之百的努力。结果三个学生都成功了，因为他们，还有他们的家长都没有选择放弃。

所以，我说——

并不是每一条小河都流进大海，

但每一条小河都应该奔腾向前。

只要向前奔腾，小河就有生命的价值和意义。

高中三年级是你整个中小学求学过程中，最容易产生放弃念头的时候。无论你的成绩是好是坏，这种念头都有可能在你心中萌生。在这个艰苦时期，你战胜了自我，不轻言放弃，你就是胜利者，否则你就只能以失败而告终。

说一句实在话，你这时候面对家长和老师的期望，面对高考的竞争，面对自己走进高中时确定的升大学的梦想，会有多大的压力呀！你的成绩没有达到自己所期望的水准，你着急、焦虑、烦躁，这是可以理解的。但是，如果你放弃就一切为零。你应该知道，你目前的这种精神状况，何止是你们有，全国近千万的高三毕业生，好多人都有。如果你们这时候选择放弃，就是选择了失败。而这时候的你，还没有步入社会，你精彩的人生，才刚刚起步。在起步的时候，你就甘心承受失败，这不仅仅是上不上大学，能不能上一所理想的大学的问题，它会在你一辈子的人生中留下不可磨灭的印记，使你缺少一种积极的心态，缺乏坚毅的不服输的勇气和精神。而这，比考不上一所像样的大学更糟。所以我认为，高中时期只要你永不放弃，拼搏三年，你勤奋努力地坚持到最后，就是胜利者。这与你毕业时读什么大学是正比例关系，而不是等式关系。

只要仔细分析一下就会发现，让你产生放弃念头的，无非是学习上遇到了挫折，生活上遇到了困难，情感上遇到了伤心事。当然，你产生放弃念头的具体原因可能比较复杂，但再复杂也就是这三个大的方面，说到底就是有些希望落空了。莎士比亚曾经在一部戏剧中写过这样一句台词："希望往往会落空，并且是在你最有希望的时候。"而你现在已经到了高中三年级了，你辛辛苦苦学习了十几年，这时候就是最有希望的时候。如果这时因为某种原因选择放弃，那就意味着前功尽弃。有这样一个经典故事，在美国人蜂拥到西部淘金的年月，有一个人也去了，他花了好几年时间在一块地上挖掘，他相信那里有黄金。他每天辛苦地挖着，不停地挖着。失望和疾病折磨着他，开始他并没有放弃。终于有一天，他感到了无奈和绝望，扔下镢头，收拾行装，离开了那个曾经给他希望的伤心之地。后来，人们就在他镢头生锈之地六尺远的近旁，挖掘出一个巨大的金矿。我想，这个启迪了几代人的故事，应该对你有一定的启示。

你进入重点中学读书，应该说你之前的学业还是比较顺利的，要不然，你也不可能考进重点中学。在高三这一年，你想把自己的成绩赶上去，一定会遇到一些挫折和困难。高中阶段遇到一点挫折和困难，也不一定是坏事。你要是克服了这个时候的困难，以后的困难就变得容易多了。从这个意义上讲，你可以把高中时候的挫折和困难，当成你人生的第一次考验。你可以独立地迎接这种考验，也可以与老师、同学、家长一起，在他们的帮助下，经受住这一次考验。不管这一次的考验多么艰难，你都不能轻言放弃。

其实，人这一辈子又何止高中阶段不能放弃呢？从你懂事开始，你就要学会不放弃。进入社会后，你肩负着不同的责任和义务，也不能轻言放弃。那些有抱负和理想的人，那些对社会和人生负责的人，他们永远没有放弃的那一天。邓小平同志第三次复出时，已经是年过七十的人了，要是他选择了放弃，而在家里颐养天年，那么中国就不是现在这个样子，人民生活水平就不会有这么富裕。邓小平同志一辈子起伏跌宕，该有多少艰难曲折，然而他一辈子都在为祖国和人民的事业奋斗。他永不放弃的动力何在，他自己的一句话为这个问题作了很好的诠释——“我是中国人民的儿子，我深爱着我的祖国和人民。”

比一比邓小平同志，你高中阶段受到的一点挫折和困难算得了什么呢？

最后，请记住：

并不是每一条小河都流进大海，

但每一条小河都应该奔腾向前。

五

我在读高中的时候，感觉分数存在于自己的脸上。每一次考试成绩公布后，都要对比一本线、二本线，看自己将来能上什么样的大学。几分之差，都会在自己内心深处翻江倒海。三年高中读下来，感觉风平浪静的日子并不多。不过值得庆幸的是，我高中时候遇到了一位我和同学们非常喜欢的班主任，我们都称他“乔老爷”。

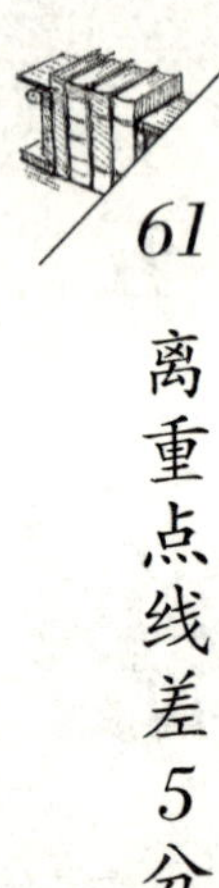

61 离重点线差5分

卓凡高二的寒假就在补课之中度过了，与不放假没有什么区别。

卓凡整个假期都闷闷不乐的。他烦心的事，除了补课，还有他的期末考试成绩。期末考试他考了550分，重点线是555分，他仍然相差5分。虽然这个分数与重点线相差不多，但对卓凡的心理打击挺大。卓凡在成绩出来之后打电话问过宇辰和天天，宇辰考了599分，天天考了635分。卓凡在初中的时候成绩一直是三个人的领头羊，进入高中以来忽上忽下的，让他不知所措。尤其是看到中考分数在三人中最低的天天，进入高中以来稳扎稳打，分数考一次增加一点，把他和宇辰都甩在了后面。这确实让卓凡心里有一些不服气。

因为有这样的心情，卓凡春节期间在家里愁眉苦脸的。卓凡不高兴，全家人自然也就不高兴。

卓凡的妈妈埋怨丈夫只知道一天到晚帮别人打官司，不管儿子的考试成绩。

卓凡的爸爸说："你叫我怎么管？我又不能代他去上课和考试。你不是在管吗？结果怎么样？儿子的成绩还不是一降再降，还不如人家天天。天天的妈妈没有为儿子择校，也没有择班，没有租房子陪读，更没有与老师闹出绯闻，可是天天的成绩却考一次提高一次。"

卓凡爸爸的这些话，深深地刺痛了妻子的心。卓凡的妈妈本想与丈夫大闹一场，但想到卓凡在家里做作业，在儿子面前吵架会影响到儿子的心情，便将已经到了嘴边的话咽了回去，眼里的泪水却止不住地流了出来。她痛心啊！她委屈啊！儿子上高中以来，她为这个家和儿子付出了那么多，换来的居然是丈夫的冷嘲热讽。要不是为了儿子高考，她早就与这个只知道讲法律的人离婚了。她没有理会丈夫的讥讽，走进洗手间，对着镜子流泪。她默默地抽泣着，不想让在房间里做作业的儿子听到自己的哭声。

她进洗手间不一会儿，就听见儿子在客厅里吼："你们瞧不起我，是吗？我当初并不想上东湖师大附中，是你们让我上的。我按你们的要求去参加奥数培训，去补课，去与重点班的学生竞争。我哪一点做错了？哪一点没有照你们的要求去做？没有！我都按照你们的要求做了。600分你们以为是那么好考的吗？如果你们不满意我做你们的儿子，好啊！你们就权当没有我这个儿子。”

卓凡说完就甩门而出。妈妈赶出来问：“儿子，你到哪儿去。”

“我去死！”卓凡说完就冲下楼去。

“你用死吓哪一个，不争气的东西。”卓凡的爸爸朝门外吼道：“你老老实实给老子回来。”

卓凡的妈妈赶出去拉住卓凡，向卓凡哀求，要他回家。小区里的好多邻居也出来劝卓凡不要与爸爸妈妈怄气。还有卓凡初中时期的几个同学也出来劝他，他觉得很没面子，用力甩开妈妈的手，跑回家把自己关进房间。无论妈妈在门外怎么叫唤，他就是不打开门。

这样的大争小吵，整个寒假期间随时都在发生。所以，卓凡盼着快点开学。与其在家里受爸爸的气，听妈妈的唠叨，不如在学校里待着还好一些。

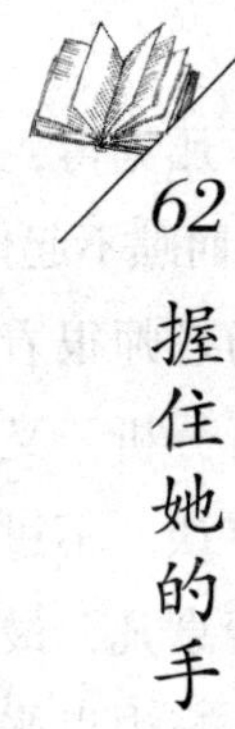

62 握住她的手

终于盼到新学期开学了，卓凡在课堂上无精打采的。现在他的成绩是本班的最后一名，他总觉得同学们都在用一种瞧不起的眼光看着他。连日来，除非同学们主动与他打招呼，否则，他是不会与哪位同学说话的。

他的同桌小霞这次考试成绩 698 分，还是全班第一。春节后，她从农村家里带来了很多年货食品，都是农家人自制的，很好吃。她给了卓凡几袋，卓凡推辞了一番，小霞气得小胖脸通红，说他瞧不起这些农村土东西。卓凡说：“不是，我一个大男生，不好意思吃女生的东西。既然你这样说，那我就只好收下来。”

卓凡把小霞给的东西拿到租住房。妈妈听说是小霞给的，很高兴，因为她知道小霞的成绩特棒，所以支持儿子与小霞交往。她还从超市里买来一些水果和副食，让卓凡送给小霞。

这样一来二往，让卓凡觉得，全班同学就只有小霞没有因为他的成绩下降而瞧不起他。

卓凡的考试成绩让杨老师很着急。他几次想找卓凡谈一次话，帮卓凡分析分析，又担心给卓凡带来心理压力，所以就一直没有谈。不过，杨老师有一天专门找到小霞，要小霞帮帮卓凡，最重要的是帮卓凡树立信心。小霞觉得卓凡上高中以来对自己不错，除了成绩不如意，别的方面都对他印象不错。特别是在班里如果有谁言语间表现出瞧不起她是从农村来的时，卓凡总是站出来，旗帜鲜明地帮小霞说话，如果谁有意无意间欺负小霞的时候，卓凡就在那个人面前伸出拳头说："你想怎么样？"

在杨老师交代小霞帮卓凡提高成绩的当天，小霞对卓凡说："今天晚自习后我们去操场走一走，行吗？"

"行啊！"卓凡很高兴地回答。寒假以来他很少有心情与人说话，今天小霞能够主动约他，他心里很感激。

下晚自习后，卓凡与小霞一起走出教室，来到校园的操场上。今天在操场上跑步锻炼的学生不是很多，他们走到操场东北角的投掷场地，站在那里面对面聊天。

这个角落跑步的同学不会到这里来，校园里的路灯也照不到这里来，相对来说比较静，也比较暗。这正好符合卓凡和小霞的心情，虽然他们是在光明正大地聊天，对于小霞来讲，还是班主任交代的任务，但他们在心里觉得，还是不让同学们知道为好。

小霞今天确实是想帮助卓凡从上学期考试的阴影里走出来，看到上学期的两次重要考试卓凡都没有过重点线，作为同桌，小霞也为卓凡着急。不过小霞担心今晚的话题如果直奔考试成绩会伤卓凡的面子，所以，小霞特地选择了从春节的话题开始。

小霞说："今年春节我爸妈从深圳回家过春节了。前几年他们为了节约钱让我和弟弟读书，没有回家过春节。我们是与爷爷奶奶过春节，算起来我和弟弟已经有三年没有见到爸爸妈妈了。爸爸妈妈回来的那一天，我和弟弟抱着妈妈哭了。我告诉爸爸妈妈，我的成绩这次排在全年级第一。爸爸妈妈听了之后很高兴。特别是爸爸，把我从妈妈怀里抢过去，抱着我在屋里转了好几圈。一边转一边反反复复地说：'我的女儿要上北大清华啰。'所以，今年春节是我们的一个团圆年，也是一个开心年。你呢？你春节是怎么过的？"

小霞的话让卓凡很羡慕，甚至很嫉妒。她们家虽然日子过得比较艰难，为了节约路费，爸爸妈妈几年都不回家，但她的爸爸妈妈在家里没有争吵讥讽，没有冷暴力，没有要儿女无休止地补课，也没有对儿女的功课提这建议那要求。卓凡不好意思把自己家里的不愉快和自己的寒假补课实情，告诉眼前这位最要好又最优秀的女同学，否则，那会极大地挫伤他这个大男孩的自尊心。他只是说："我们过年就那样，没有农村过年的那种其乐融融的气氛。"

小霞只顾自己高兴，还沉醉在春节全家人欢聚一堂的快乐思绪中。听卓凡这么冷冷地一说，她敏感地知道自己说错了一句话，不应该在卓凡面前提自己的考试成绩。她哪里会想到，除了考试成绩，她与父母那种虽远隔千里，但心灵相通的亲情关系，也深深地触动着卓凡的某根神经，让卓凡表现出一脸无奈的表情。

好在卓凡知道小霞不是有意在他面前炫耀自己，再说也没有什么好炫耀的，要是换了别人，小霞还不一定把自己父母因要打工挣钱养家，而几年不回家过年的事情讲出来。

小霞说："是不是我说错了话，惹你不高兴？"

"没有。我是很羡慕你们一家人。"卓凡说："我们家的春节没有你们家快乐，多少年来我已经习惯了。"

小霞说："开学以来你很少与同学们说话，是不是遇到了什么困难？"

卓凡说："我能遇到什么困难？就是爸爸妈妈希望我每次都考 600 分以上。我现在不仅考不到 600 分，连重点线也过不了。你说我高兴得起来吗？再加上他们为我的成绩天天在家里争吵，更让我心里添烦。"

小霞说："其实，我刚入学的时候挺羡慕你的。你妈妈对你那么关心，杨老师对你又那么好，你的数学成绩一直在班里处于前三名。这些让我羡慕，有时看到你妈妈到学校来给你送东西，向老师和同学打听你的成绩，我就在想，要是我的妈妈能够这样对我就好了，我该有多幸福啊！可是，这一切我的妈妈都做不到。她只是一个远在外乡的打工妈妈，她必须打工挣钱养活我和弟弟，供我们读书。我越羡慕你，就越努力学习，就越想在学习上超过你，让我也有被你羡慕的地方。这一年多来，我就是这么想的，也是这么做的。我虽然没有你那种数学天赋，但我勤奋努力，我的成绩才一直保持在现在的水平。今天我把心里的话全讲给你听了，希望你能够和刚入校的时候一样，在学习上保持一股拼劲，把学习成绩提高上来。”

卓凡不知道今天小霞会跟他讲这么多心里话。小霞在说的时候，他在思考，一时还不知道怎么对答。

小霞见卓凡不言语，接着说：“你现在拥有的东西，是我望尘莫及的。你妈妈为了提高你的成绩，专门在学校附近租房，放弃住在舒服的家里，甘愿来租住屋陪读。你说你多幸福啊！我想都不敢这样想。我只盼望妈妈能够把每月的生活费多寄几十元就心满意足了。还有，杨老师对你那么关心，全班学生都看得出来，你难道不知道吗？”

卓凡觉得小霞说得很在理，也很合情。他经常看到小霞早餐的时候买一大袋馒头，这就是她一整天的食物。有时卓凡问她为什么不去食堂吃饭菜，她还说她喜欢吃馒头。原来是妈妈寄的生活费不够啊！这是卓凡不曾想到的事情。想一想小霞的生活，他觉得自己没有什么道理不快乐起来。

卓凡内心里像波涛翻滚一样。小霞今天这一番推心置腹的话，让他对小霞有了新的认识。他原来只知道小霞的学习成绩优秀，不知道这优秀的成绩后面，还有这样一些不被同学们知道的欢乐和艰辛。小霞的话也让他重新审视自己，也许当初就不应该上什么奥数培训班，在那上面耗费太多的时间和精力，要不然自己的成绩绝不会是今天的水平。

卓凡抬头望着夜空，不知怎的，他忽然想到了小霞刚入学时候的样子：圆圆的脸，穿一件浅天蓝色的小白圆点点缀的灯笼式短袖衬衫，齐肩的短发，说起话来眼睛一眨一眨的，愣愣地看着别人，卓凡经常在夜深人静的时候记起她这个形象。

小霞见卓凡长久不说话，还望着天空不理她，就伸出一只手推了一下他的肩膀说："你装什么深沉，我说了这么多，你为什么不理我呢?"

卓凡情不自禁地用双手捧住小霞正准备缩回去的那一只手，嘴里喃喃地喊着："小霞，小霞。"

小霞面对这突然发生的一幕，不知怎样面对。她赶紧用力缩回被卓凡捧住的那只手，说："卓凡你不要这样，如果你在课堂上仍旧打不起精神，你的学习成绩还是现在这个状况，那今天就是我们最后一次单独谈话，以后不会再有了。拜拜!"说完她头一歪，朝卓凡笑一笑，跑到操场的跑道上，加入到三三两两夜跑的同学行列。

卓凡一个人傻傻地站在原地，看着小霞远去的背影，偷偷地笑了。

3 月的夜风吹在他的脸上，还有一丝丝的寒意，但他的心里暖暖的。小霞刚才的话提醒了他，他觉得自己比起小霞来，生活幸福许多，他应该珍惜。因为奥数比赛耽误的学习成绩，他相信自己可以赶上来。而小霞离开时对他浅浅的一笑，更是让他心旷神怡。这是他有生以来第一次看到女孩子这样对着他笑。当然，也是他第一次用力地捧起一个女孩子的手。

带着一种从来没有过的甜蜜情感，卓凡离开学校，回到和妈妈一起租住的屋子。

那天晚上的练习，他完成得很快。他一边做练习，一边哼着流行歌曲。妈妈见儿子这样高兴，也跟着眉开眼笑的。于是，租住的小屋子里，充满了欢乐，没有了往日的沉闷。

卓凡还把这种心情带到了课堂上，他不再考虑谁看不起他，一心想把成绩赶上来。他经常与小霞讨论学习上的问题，觉得小霞确实并不比他聪明多少。他学习的信心慢慢增加了许多，他甚至觉得每天的阳光都比过去灿烂。

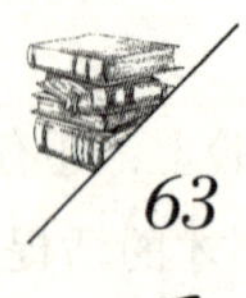

63 西方中学是什么样的？

新学期开始后，我一边组织正常的开学工作，一边开始实施“国际视野，领军人才”的校本课程。从方案制定，教材编写，到老师安排，课时落实，每一个环节都要反复开会讨论。这样忙忙碌碌地，一个月的时间很快就过去了，不知不觉又到了与三个学生的珞珈山课堂的时间。

今年3月的珞珈山飘着丝丝细雨。

那雨细啊，细得肉眼看不出雨线来。举目远望，那细细的雨织在空中，雾蒙蒙的，落在人的肩上，根本没有一丝一毫的感觉。如果你走在山上不打雨伞，不一会儿就会湿透你的头发，淋湿你的衣衫。这一切并不像那些看得见的雨点那样，让你提前做好准备，撑起一把雨伞。

这珞珈山的细雨，其实有一点像珞珈山的人。当你走进珞珈山的时候，除了感觉这里是中国风景最美的大学之外，并不觉得这里的教育与其他大学有太大的差别。但是，当你在三点一线的日子里度过四年，你会发现，珞珈山的人给了你很多东西，而这些东西是其他地方的人没有的。四年之后，无论你是离开还是留下，你都成了珞珈山人，珞珈山的物、事、人，都会被你刻在记忆的深处，影响着你一辈子的人生轨迹。

上山的时候，我有意没有打雨伞。因为我估计，这样的雨，三个学生肯定不会打伞的，他们根本不会在乎它。

上山之后，果然如我所料。三个家伙早已在山上等我了，头上都落满霜一样的小雨粒。天天正在兴高采烈地给另外两个人讲欧洲见闻。

我说："好啊，你们今天没有等我来就开讲了。"

卓凡今天表现出少有的高兴劲来，第一个回答我的话。他说："校长你不要怪天天，是我和宇辰要他快点讲的。我们也是刚刚开始，天天的话题还没有讲到欧洲的中学生。"

天天接过卓凡的话头，说："马上就讲到了。要不校长您先给我们说说。然后，我再接着讲？"

"你接着讲吧，我也没有什么重要的事情对你们说。"我对天天说。

天天说："那好吧，我现在讲一讲在西班牙中学里的感受。西班牙的中学分公立中学和私立中学两种。公立中学对学生是免费教育，办学质量一般。私立中学是要收费的，费用还比较高，不过教学质量要高于公立中学。我跟班就读的是一所公立中学。学生在课堂上比较活跃，老师对学生的管理比较宽松。认真学习的学生，跟着老师讲课的思路，在课堂上认真听讲、讨论。不想学习的学生，只要你不在课堂上吵闹，不影响别的同学，老师一般不会管他。考大学并不是公立中学多数学生的追求目标，那只是少数学生的事情。公立中学的学生一般会在完成中学学业后，再读一个类似中国职业技术学院的课程，然后找工作就业。也有一部分公立中学的学生，要考大学，然后读研究生。相比较而言，私立中学的学生学习压力比较大，绝大部分学生准备走精英发展之路，也就是读大学，读硕士，读博士，为今后进入主流社会或中高阶层作准备。"

天天停了一会儿，我们谁也没有插言。他继续说："我在公立学校最大的感触，就是学校、老师、学生和家长都没有把考大学作为中学生唯一的培养目标，这是西班牙中学教育与我们国内中学教育最大的不同。

虽然近两年西班牙的经济不景气，就业形势也不好，但西班牙人的生活节奏还是那样慢。这种慢节奏也体现在学校里，学生和老师并不因为就业形势不乐观而增加多大的压力。欧洲社会经济经过长期稳定的发展，财富已经积累到了一定的阶段，人们对财富的观念和对生活、生命的观念，同中国人相比起来，有比较大的差别。他们不像中国人那样拼命读书，拼命工作，拼命赚钱。周末商店大多不开门营业，如果发现哪一个商店开着门，走进去一问，十之八九是中国人在经营。我有一天夜晚想买面包饼干，走了一条街，只有两家副食店开着门，一个老板是山东青岛人，一个老板是浙江丽水人。这些就是我对西班牙最大的印象。我在那里待的时间也不长，别的感受就没有了。"

天天说这些话的时候，我在想，他对社会的认识已经明显高于他的同龄人。在多数中国高中生关在课堂里死读书的时候，他能够走出国门，用自己的两只眼睛观察欧洲社会，用自己的思考比较中国和欧洲社会的不同，这对于他的成长是很有好处的。这样想的时候，我就更加理解他的爸爸妈妈对儿子的教育理念，更加佩服他们能够在追求学生分数的中国社会，把对儿子的先进的教育理念付诸行动。这是需要勇气，也是需要智慧的。

卓凡看见我没有开口，就对天天说："好羡慕你啊！你去年去了美国，今年又去了西班牙。我连国门都没有出过。"

宇辰调皮地开着玩笑说："西班牙的女生漂亮吗？有没有发展一个关系好一点的，请她到我们东湖市来让我们也见识见识。"

天天踹了宇辰一脚，说："去你的，我有西班牙的漂亮女生也不告诉你。"这自然也是玩笑话。接着他问我："校长，你怎么不说话？"

我说："我是在想，天天出了一趟国，确实大不一样了。讲起话来一套一套的，分析得还很有道理。我有一个建议，不管天天有没有关系好的漂亮的西班牙女同学，我们可以请天天唱一首歌《美丽的西班牙女郎》，你们说好不好？"

卓凡和宇辰自然都说好。

天天说："校长你不是为难我吗？这首歌我不会唱。这是你们这一代人唱的歌，我常听爸爸在家里哼唱。有时候，我也跟着哼一哼，但不会唱。"

卓凡今天特别兴奋，跟上几次我们在珞珈山聚会时相比，像换了一个人似的。他接过天天的话说："校长肯定会，不如请校长教我们唱吧。你们……"

天天和宇辰没有等卓凡把话说完，齐声附和道："好啊好啊，你这个主意太好了。"

我没有想到自己的一个提议，被三个家伙将军将到我的头上来，只好被逼无奈地教他们唱起了《美丽的西班牙女郎》。

美丽的西班牙女郎，

人人都爱慕着她。
到处人们都在赞扬，
赞扬她活泼漂亮。
美丽的西班牙女郎，
西班牙美丽的花。
她那双迷人的眼睛，
抓住了人们的心。
啊，每天每夜，
我愿在她身旁。
啊，我多情的女郎啊，
为我热情地歌唱吧。

在珞珈山细雨蒙蒙的3月里，我们四个男人面对着烟波浩渺的东湖，唱着这首有着明显异域情调的歌，倒是别有一番情致。

我们的心随着这优美的歌声欢快起来。三个学生唱得非常起劲，尤其是卓凡，我真的是好久没有看到他这样快乐的神情了。

我们的歌声惊动了珞珈山树林里的鸟儿，也惊动了三三两两的游人。他们驻足朝我们张望。也许他们在想：这一老三少的四个人，神经不会有问题吧？下着雨又不打伞，还跑到山上来练歌。

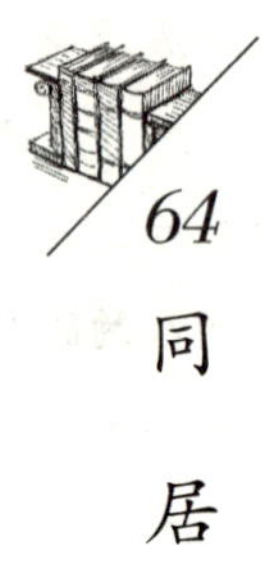

64 同居

上个月的珞珈山课堂，卓凡看起来比以往开朗了好多，话也多了一些。做中学校长的直觉告诉我，这个学生恋爱了，或者是有了自己单相思的对象。

现在的社会生活中，我们打开电视和网络，就会有各种情爱的视频和画面进入我们的视野。这些东西让那些正处于青春发育期的高中学生感到新奇，他们对异性有一种不可言状的向往和追求。能克制自己情感的男生或女生，会默默地暗恋某一个异性同学，不能克制的，就公开地要将恋爱付诸行动。

4月初，我接到一个家长的电话，说要到学校来向我请教教育儿子的办法。我问他："电话中不能讲吗?"他说："三言两语讲不清楚，必须当面向您请教。"我感觉到这位家长很急迫，又很无奈，就答应他到我办公室来。

家长来到我的办公室，先自我介绍了一番。他是一个生意人，大儿子去年在我们学校毕业，已经考取了重点大学。小儿子目前正在我们学校读高三。

简单介绍完他的家庭和两个儿子的情况之后，这位家长就直奔主题。他问我："现在我的小儿子与他班上的一位女生谈恋爱并同居了，您说我该怎么办？"

我说："你别着急，慢慢说，具体是什么情况？"

这位家长说："现在离高考只有两个月了。前几天，儿子说为了更好地复习，跟我和他妈妈说要住校，以便下晚自习之后还在教室里多复习一会儿，遇到问题也好向同学请教。我和他妈妈想都没有想就同意了，还给了他 1000 元钱让他交住宿费和作为吃夜宵之用。几天之后，他妈妈夜晚来学校看他的时候，老师告诉他妈妈，儿子根本就没有住校。他妈妈急了，打电话给我。我来到学校，找不到儿子，打儿子手机关机。第二天早晨，我们守候在校门口，发现儿子与一个女同学有说有笑地走进校门。我们没有当面质问他，怕伤他的面子。看到他正常上学，我们放心了一些。我和她妈妈商量，等到下晚自习的时候，我们再来学校，看他不回家，又不住校，是上哪儿去了。那天下自习后，我们偷偷跟踪他，发现他与早晨一起上学的那位女同学一起，走进了学校附近的一个居民小区，双双进了一栋居民楼。我们敲开门，儿子先是感到很惊讶，接着大声质问我们：'你们来做什么？为什么要跟踪我们？'我很平静地问他：'你不是说住校吗？怎么住到了这里？’那个女生出奇地冷静，好像事情与她无关一样。她说：‘叔叔阿姨，是我们两人一起在这里租房复习备考。’我们感到这太不可思议，太不能接受了，可他们都像很正常一样。为了不把事情闹大，影响他们的高考，他妈妈跑到屋外从班主任那里要了女生妈妈的电话，给女生的妈妈发了一条短信，希望女生的妈妈来出租屋把女儿接回家。女生的妈妈过来之后，把我们儿子和她的女儿大骂了一通，然后连拖带拉地把女儿拽了回去。我们也把儿子领回家了。回家后，我们接到女生的妈妈打来的电话，说我们的儿子害了她的女儿，她不会支持女儿与我们的儿子谈恋爱，还说她和丈夫都是机关干部，是有头有脸的人，不会让女儿嫁到做小生意的人家。我们觉得自己的儿子有错，不管女生的妈妈怎么不客气，我们都认了。我们担心的是，现在女生的妈妈不让女儿上学了，在家里为女儿专门请了家教，把女儿关在家里复习。我的儿子看到女生不上学之后，也不上学了，天天在家里。我现在不知道该怎么办？所以今天专门来向校长请教。”

我耐心听完这位家长的述说，给他倒了一杯茶，对他说：“现在的家长，确实有一些人对子女的思想不了解，等到子女的行为出现了偏差，就感到无能为力了。你儿子的这种状况，肯定不是一天两天形成的。之前你们没有掌握儿子的思想，也没有把儿子一些不该有的思想和行为制止在萌芽状态，错过了教育他的时机。现在他已经发展到与女同学租房同居了，想让他们一下子就分开，不是那么容易的事情了。不过，你们在发现儿子这个情况后，没有像有的家长那样不分青红皂白地对儿子粗暴地打骂，而是采取了比较理智和冷静的方式来处理，这是很正确的。”

这位家长说：“我们是压住怒火在冷静啊！马上就要高考了，他居然闹出同居的事情来，您说急人不急人？”

我告诉他：“正是因为要高考了，你的儿子和那位女同学可能感到了巨大的压力，才在恋爱中寻找释放压力的途径。当然，这种释放压力的方式肯定是错误的。但是，他们热恋中同居了几天，你现在想让他一下子就冷静下来，肯定也很难做到。虽然女生的家长把她关在家里不让出门，但他们两个人的心肯定是不平静的。他们除了要参加高考，还要考虑家长、老师和同学对他们的看法。你们没有将事情闹到老师和同学都知道的地步，给他们留了面子，这为妥善处理好这两个学生的情感问题打下了好基础。”

“您说我们现在该怎么办呢？”

“我觉得，现在最好的办法是：你和你的夫人找女孩的家长冷静地谈一次话，双方共同讨论教育他们的办法。我建议：你们家长都拿出支持他们谈恋爱的姿态，前提是现在不行，要等到上大学之后。现在他们交往，你们父母也不要强烈反对，但坚决不能让他们同居。多数家长只有一个子女，看到子女高中谈恋爱就绝对禁止，这个办法不好。我做校长接触到的学生成千上万，看到的恋爱现象何其多。好多高中时期爱得死去活来的学生，上大学或进入社会之后，发现自己过去是多么幼稚，他们就主动与对方分道扬镳了。有人问他们为什么那时爱得那么执著时，他们会摇摇头说：那时候年轻，不懂事。但是，如果时间倒回去几年，他们还是会那样的。所以，我建议你们要疏，而不是堵。在距离高考只有两个月的时候，如果你们硬堵，会堵出事来的。前几天，东北有一个高三的学生参加完北京传媒大学一轮、二轮、三轮面试后，经不住压力跳楼自杀了。”

“是啊，我们就是担心儿子不上学，关在家里会出事。”

“你先照我说的去做，找对方家长谈一次话，再与儿子深谈一次。从不反对他谈恋爱，到高考，到人一辈子的计划与打算，告诉他要想长远一些，告诉他爱对方就要对别人负责，就要考出好成绩不辜负对方爱自己。还有，你也不要急，让他在家里冷静思考几天，也未尝不可。再就是，要帮他向老师请假。”

“好的，校长，我先这样做试试看。耽误了您不少时间，谢谢您了。”

“不用谢，学生出现这样的问题，学校和老师也有责任。”

65 追与被追的幸福

几天之后，我专门找到这个学生的班主任，班主任告诉我：这个学生已经上学了，学习情绪还不错。我假装什么都不知道，在一次课后找到这个学生，问他对现阶段老师指导复习备考的想法。他说老师已经开始指导同学们进行第三轮复习了，他还行，力争在高考时考出进高中以来的最好水平。

听了这个学生的话，我感觉可能我给他父亲的建议起作用了。对爱自己的女同学负责，用自己的行动来说话，这两句话对高中男生是很起作用的。

现在高中生谈恋爱的现象太普遍了。我经常听家长告诉我："我的儿子（女儿）很单纯，不会谈恋爱。"但是实际情况与家长说的正好相反。

有一次下晚自习后，我在学校操场上散步，前面有一个男生和一个女生牵着手在走，他们没有看到我。那个女生的父亲是我在市政府工作时的同事。女生的父亲在校门口给她打电话说："我已经在校门口等你。"女生明明在与男生牵手散步，可是她告诉爸爸的是："我还在教室，马上出来。"

一个中学生，对异性有好感并不是一件邪恶的事情。最重要的是，要把握好这个好感的度。

由这个男生与女同学同居的问题，我想到了卓凡上次在珞珈山的表现。他明显变化的动力应该是来自恋爱。可是恋爱对于一个高中生来讲，是一把双刃剑。处理得好，对学习和成长有帮助。处理得不好，就会走向反面。但愿卓凡不会适得其反。

卓凡遇到的情感问题，我估计宇辰和天天也会遇到。为了帮助我的三个学生正确地认识和处理高中阶段的类似问题，我决定这个月的珞珈山课堂，好好给他们讲一讲。

4月是珞珈山最迷人的时节，鸟语花香，景色宜人。

樱花盛开的那些天，整个珞珈山游人如织。特别是樱花大道上，平日几分钟走完的路，这几天要一个多小时才能走完。

我们抢在游人到来之前就登上了珞珈山，四个人围坐在一个石桌边，卓凡仍然像上次那样显出一副高兴的样子，宇辰和天天问卓凡：“遇到什么高兴事了？肯定有女同学追了吧？”

“去去去，你们才有女同学追呢？像我这成绩，谁追我呀？”话是这么说，但卓凡心里甜甜的，因为全年级成绩最好的女生对他有好感。

天天说：“你就承认了算了，校长又不批评我们，你怕什么？是谁？说出来我们给你参考参考。”

宇辰也随声附和着。

看着三个学生在我面前这样高兴，我的心情也被他们感染着，就像春天的珞珈山上微微吹拂的风一样，柔和而美妙。

我对他们说：“你们别逗了，我今天给你们认真地讲一讲中学生谈恋爱的话题。”

三个学生立刻安静下来，六只眼睛全望着我，我在他们期待的目光中，开始讲了起来。我建议他们：高中三年最好不要谈恋爱。

66 网瘾

校长前几次在路珈山上的讲话，让天天受到了很大的启发。

天天觉得，校长的教育思想与爸妈对他的教育目标和方法是一致的。他很庆幸自己能够出生在这样的家庭，也很庆幸遇到了这样的校长。进入高中以来，他用在学习上的时间不一定比宇辰和卓凡多，但每一次全市统考，他的分数比宇辰和卓凡都高一些。东大附中没有按分数评定学生优劣，每次考试爸爸妈妈也不主动问他的分数，他自己该学的时候分秒必争，该参加的社会活动凭自己的兴趣参加，心理上也没有多大的压力。当宇辰和卓凡对他讲起他们学校在全校公布学生成绩，讲起他们爸妈为提高他们的分数想尽各种办法的时候，天天就感觉到，自己是三个同学中最幸运，也是最幸福的一个人。

与天天的感觉正好相反，卓凡对校长这几次在珞珈山的谈话百思不得其解。他反复在心里默默地问自己：校长给我们讲这些东西干嘛？难道我们的价值观，我们的品行有问题吗？尤其是讲的那些教育失败的学生的例子。难道我、宇辰和天天三个人之中会出现那样的问题吗？不可思议！卓凡这样想了很多天。

卓凡这些天脑子里想的另外一个问题是，小霞究竟喜不喜欢他。那天晚上他在学校操场上拉小霞的手的情景，老是在他的脑海里浮现。他甚至几次在下了晚自习之后，一个人走到他拉小霞的手的那个地方。他站在那里，一个人偷偷地傻笑。笑的时候，心里涌起一股甜蜜。

然而，在教室里的时候，小霞对他的态度不温不冷，若即若离，这又让卓凡感到失望与无奈。该讨论学习问题的时候，小霞会很认真地与他讨论。下课以后，同学们说说笑笑，打打闹闹，小霞却显示出一脸的平静，不是做练习，就是看书。卓凡有时想与她说几句玩笑话都无法开口，因为没有机会。

卓凡不敢把自己喜欢小霞的事情讲给其他人听，不敢告诉自己的爸爸妈妈。如果让爸爸知道了，一定是一顿臭骂。如果让妈妈知道了，那就是天天在耳边唠叨，这比臭骂一顿更让人受不了。有一天晚自习回到租住的屋子，在房间里，他把自己的这种情感写到了网上的博客里。写完之后，他觉得心里畅快了许多，因为压抑在心里的这些情感，终于找到了一个可以诉说的渠道。

本来，爸爸妈妈是不同意在卓凡房间里装电脑的，但卓凡坚持说要上网查资料，要与同学、老师讨论学习上的问题，这样妈妈才勉强同意了。卓凡没放学的时候，妈妈也可以上一上网，否则，她在租住屋的时间也不好打发。

卓凡的博客用的是网名，但写的是自己的真情实感。那个博客发出后的第二天晚上，卓凡打开电脑，看到他的博客被好多网友转发了，一天之内竟然有 100 多条评论，还有各种各样的建议。卓凡觉得很好玩，就开始在网上参与一些网友的讨论，又写了一篇博客发了上去，弄完这些已经是深夜两点多钟了。

卓凡第三天打开电脑的时候，发现转发他的博客的人更多了，在博客里留言的人也更多。他上高中以来一直沉迷在做奥数竞赛的各种试题之中，没有想到写博客比做奥数习题有意思多了。

就这样，卓凡每天一下晚自习，就把自己关在房间里写博客。妈妈觉得，儿子这几天学习自觉多了，一回到家就关在房里学习，还把房门锁上不让妈妈进来。她根本没有朝其他方面去想。一个高二的学生，学习压力大，练习多，所以她很理解儿子。除了问他吃不吃夜宵，嘱咐他早点休息之外，学习上的事情她帮不了儿子，也就不好问他。

直到有一天，杨老师打来电话，告诉她卓凡近来上课经常睡觉，而且是整节课地睡，被同学推醒了还要睡，建议她把儿子带到医院看一看，是不是身体出了什么问题。这时候，卓凡的妈妈才似乎觉得，儿子近来每天一回租住屋就把自己关在房间里，一定有什么名堂。她转念又一想，也许是儿子做练习太晚了吧？儿子这个学期以来，性格明显比上学期好了许多，能够与爸妈交流一些学校里的事情，不像原来一问三不知，根本不想与爸妈说话，即使好不容易挤出几句话来，也带有浓厚的抵触情绪。她还觉得儿子变好了许多呢？能有什么名堂呢？

那天晚自习之后，卓凡的妈妈特地炖了乳鸽汤让卓凡喝。儿子喝汤的时候，她在桌边陪儿子坐着，说："儿子，你近来身体有没有哪里不舒服？上课有没有精神？"

卓凡抬起头，愣愣地看了妈妈一眼，说："怎么问这样的问题？我身体好好的呀！"

"好就让妈妈放心了。妈妈今天特地为你炖乳鸽汤，就是想帮你提精神，让你提高学习成绩。"卓凡妈妈看到儿子不愿意说上课睡觉的事，她也就只好委婉地提醒儿子。

卓凡也表现出少有的耐心跟妈妈说话。他说："放心吧，妈妈，我这次考试肯定会上重点线。"说完又进房间把门关上了。

卓凡的妈妈前一阵子看到儿子那么听话地用功在学习，心里自然很高兴。儿子关上房门学习之后，她就在客厅里把电视声音调到最小的状态，看一会儿"无声电视”。好在现在的电视剧，人物的对话都有字幕，儿子上高中后，她已经习惯这样看电视了。一般的时候，她看到11:00左右，提醒儿子睡觉后，也就到自己的房间里休息去了。

今天睡觉的时候，她特地敲开儿子的门，给儿子削了一个苹果，叮嘱儿子不要超过11:30休息。儿子打开门之后，她故意装作不经意的样子进入房间，看到儿子书包都没有打开，倒是电脑开着。她问儿子："今天没有作业呀?"儿子小声模糊地回答："没有。"然后接过妈妈手里的苹果，就把妈妈往外推，说："妈妈你去睡吧，我也马上就睡了。"

卓凡的妈妈回到自己的房间里睡了一觉之后，悄悄起身来到卓凡的房间门口，她看到门底下与地板的缝隙之间，有很微弱的一线光。那不是灯光，应该是电脑的显示器发出来的光。她抬头看看客厅里的钟，已经是凌晨1:30了。她轻轻地敲了敲儿子的房门，小声问："儿子，睡了吗?"儿子没有作声，但房门底下那条缝隙透出来的光，过了一会儿就没有了。

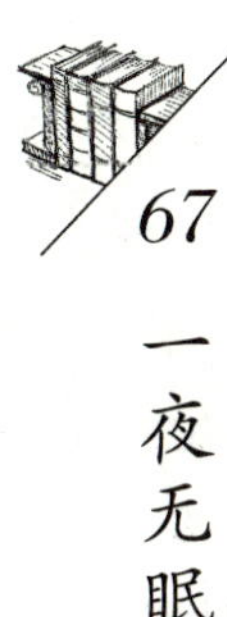

67 一夜无眠

卓凡的妈妈明白了，儿子肯定在上网，而且不是在学习。她躺在床上，久久不能入睡。她不能把儿子深夜上网的事情与儿子挑明，那样又会回到以前他不与自己交流沟通的状态。她也不能告诉丈夫，丈夫会说他本来就不同意在租住屋装宽带上网，会说她没有管好儿子，天天守着儿子，还让儿子半夜上网。她也不知道该不该与杨老师讨论儿子半夜上网的事。

5 月的夜里，东湖市只需要盖一条薄薄的线毯就能睡觉了。卓凡的妈妈盖着空调被还觉得身上有凉意。这个曾经在东湖市那么风光的电视节目主持人，因为儿子的成长问题，感到心里透凉，全身也透凉。她感到自己是那么的孤独和无助。虽然她有丈夫，有儿子，儿子就在她隔壁的房间。但是，她根本不能与丈夫讨论一个40多岁的女人视若自己生命的儿子的教育与成长问题。她也不了解儿子在想什么，在做什么？她觉得自己是孤苦伶仃的一个人。两行泪从她的眼角静悄悄地流出来，她双眼瞪着窗外。冷冷的月光洒在床上，她一夜无眠。

早上5点，天已经大亮了。她的头昏昏的，还想睡觉，但她不得不起床。她冲了一个热水澡，全身舒服了一些，头也清醒了好多。然后，她给儿子做了早餐。6点钟的时候，她准时把儿子叫起来，与往常一样看着儿子吃完早餐，把儿子送出家门。平常的时候，儿子上学后，她会在小区里锻炼30分钟，然后回屋洗漱再去上班。可是，今天她不知道该不该去上班，儿子的事她一夜都没有想出一个结果和办法，上班还有什么意义。

她最后决定，还是去找东大附中的校长，请教一下儿子这种情况应该怎么办。上次她为儿子的事找校长的时候，校长的话让她启发较大。于是她打电话向台里请了假，没有与东大附中校长预约，就直接开车朝珞珈山奔去。

卓凡的妈妈来到我们学校的时候，我正在校门口迎接老师上班，迎接学生上学，这是我做校长以来形成的习惯。卓凡的妈妈向我说明来意，我告诉她："8点半我有一个会议，我们就在操场上聊一聊，您看行不行？"

她自然说行，还说："我没有约您，您能接待我，我已经很感谢了。”

听了卓凡妈妈的讲述后，我告诉她：“卓凡上网有三种可能：一是玩游戏或看电影，二是与人聊天，三是做网络写手发表东西。从你讲述的情况来看，第一种可能性比较小，后两种可能性比较大。高中生的网聊一般是因为网恋，所以，您要关注一下儿子，是不是恋爱了。网络写作对高中生来讲是提高学习成绩的杀手。迷上了网络写作的学生，与陷入网恋一样，成绩会直线下降。当然，卓凡不一定是上面这三种情况，也有可能是别的原因。但不管是什么原因，我建议您最好不要让儿子周一至周六上网，每周星期日可以让他上一次网。”

卓凡的妈妈一边听我说，一边点头。她说：“我现在采取什么办法，才能不让儿子上网呢？强行制止的话，我担心他逆反。现在他与我和他爸的关系刚刚变得好一些。”

我判断卓凡上网肯定与恋爱有关系，但我不能明确地告诉卓凡的妈妈。因为我对卓凡的行为的了解是通过我们的珞珈山课堂，而珞珈山课堂是家长们不知道的。我建议卓凡的妈妈，先把上网的功能停掉，就说线路坏了。再看他的表现，与他商量，把电脑从他房间搬出来，放在您的房间或者客厅。他要上网可以，第一要限定时间，第二要在您的监控之下。

“校长，您这个主意不错，我回去试试看。谢谢您！”卓凡的妈妈说完就跟我告别了。

她走之后，我在想，卓凡不会就这么简单地不上网的，有了网瘾的中学生，比成人戒烟还要困难。我决定这个月的珞珈山课堂与三个学生讨论一下上网的问题。

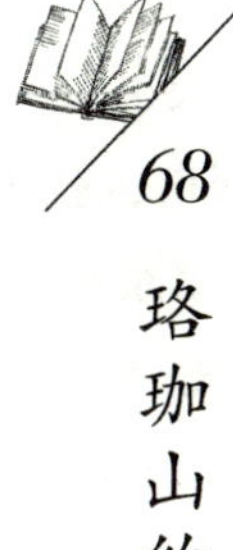

68 洛珈山约法三章

5月的珞珈山已经是初夏时节了。

清晨，山下山上锻炼的人都很多。一些东湖大学艺术系的学生，跑到珞珈山上，面对浩渺的东湖吊嗓子，依依啊啊的声音，在珞珈山上回响。当然，更多的还是珞珈山学子读外语的声音。不过，这些声音很小，只有走过他们身边，你才能听得到。

我上山的时候，远远地看到卓凡已经坐在我们每个月聚会的老地方，看样子在读英语课文。我顿时觉得，卓凡身上确实发生了一些细小的变化。我们珞珈山课堂开讲将近两年的时间了，卓凡是很少第一个来到山上的。更让我高兴的是，卓凡看见我来了之后，远远地就跟我打招呼。这与他先前很少言语的性格相比，也判若两人。

我刚坐定，宇辰和天天也来了。

三个学生没有等我开口，就抢先汇报这学期期中考试成绩。卓凡578分，宇辰605分，天天636分。这次全市划定的重点线是552分。听完他们的成绩报告后，我说："祝贺你们这次都考出了好成绩。特别是卓凡，这次进步很大，超过了重点线26分。来，我们都与卓凡击一次掌，希望他也加入到600分的队伍里来。"说完，我、宇辰和天天分别举起手来，与卓凡击掌，表示祝贺。

击完掌之后，我对三个学生说："现在已经是5月底了，高三的学生还有不到10天就要高考。明年的这个时间，就是你们即将高考的时间，一年的时间很快就会过去。这一年对你们来说，是人生非常关键的一年。你们现在的成绩都不错，考上重点大学应该都没有问题。说实话，我最担心的是你们的心理成长。这一年时间，你们会遇到中学生成长过程中很多过去没有遇到的问题。如果处理不好，不仅会影响你们的考试成绩，还会影响到你们的人生走向。所以，我今天希望你们能够敞开心扉，我们一起讨论一下目前你们遇到的，又不好对同学、老师和家长说的，那些压在心头的话题。你们说好不好？"

"好！"卓凡第一个表态。

“好！”宇辰和天天接着卓凡的话说。

“那好！在讨论之前，我重申一下我们珞珈山课堂的纪律。第一，说心里话。第二，讨论的内容仅限于我们四人知道，不能告诉其他任何人。这两点过去两年我们四个人都做到了。还有一年的高中时光，我们仍然要坚持做到。”我还没有说完，三个学生就打断了我。

“坚决做到！”三个学生齐声说。

“那谁先开始？”

卓凡看样子很想先开始。他把左手抬起来，在自己的脑勺上摸了摸，朝我看了看，又朝天天和宇辰看了看，说：“还是天天先说吧，这家伙每次考得都最好。”

宇辰也附和着卓凡说：“天天先说。”

天天也像卓凡一样把一只手搭在脑勺上，一边摸一边想，像是对我们，又像是自言自语地说：“我没有什么可说的呀！”

我对天天说：“他们要你先说，你就先说吧，不要不好意思。”

天天见我也要他先说，就不好推辞了。他说：“我确实没有什么事情压在心里头。我的目标是上武汉大学，冲刺一下也许可以上北京大学，我的平时成绩上武汉大学应该没有问题。再就是，我还有出国读大学的想法。能去就去，不能去也无所谓。爸爸妈妈对我的成绩根本没有具体要求。在他们看来，我不上大学，只要能养活自己，今后能养活全家，自己能开心地生活就够了。现在要说烦心事吧，就是有几个女同学好像都有一点喜欢我，我不知道怎样应对她们。其实她们都是很不错的女孩子，我不忍心拒绝，又不可能接受。平心而论，我对妮妮比较有好感，她个子小小的，性格特别稳重，理科成绩比我还要好许多，每次考试都在 590 分到 650 分之间。她今后肯定能考上一所好大学。你们都知道的，前年元旦晚会的时候，我与她合作演唱过一首歌《一起走过》。要说心事，这就是我的一点心事吧。别的真没有。”

宇辰用赵本山的小品语言对天天说：“天天同学，别的可以有。”

宇辰说完，逗得我们大家都笑了。我说：“既然宇辰接过了话题，那就归你谈你的心事了。”我也对他开了个玩笑，模仿赵本山的小品语言说：“开始吧，这个可以说。”

三个家伙也笑了起来。

宇辰说：“我的成绩没有天天好，自然也就没有他那些桃花运。现在我最纠结的不是女同学，而是我的考试成绩。妈妈要我每次都考 600 分以上，可是我总是在 600 分这个线上下波动。我不能像天天那样，稳定在 630 分左右。妈妈老是要我向天天学习，还帮我想了各种办法。我面对这个目标，觉得自己越来越没有办法。这是我头疼的问题。在女同学方面，我没有纠结的事。有两个女同学与我关系比较好。一个是周丹，就是去年五四青年节与我一起朗诵诗歌的那一个。还有一个是黄敬宣，家里比较困难，我妈妈一直在资助她。这个秘密只有我、她和妈妈知道。我与这两个女同学都属于学习、生活上互相关心帮助的那一类，好像还没有别的什么情感。”

宇辰停了一会儿，接着说：“卓凡肯定有相好的女同学，他不说，我们也看得出来。”

卓凡被宇辰这样一激将，脸通红地说：“按照宇辰的说法，我更没有桃花运了，我现在在班里的成绩处于后几名，哪个女孩喜欢我呀？”

他停了一下。我们都没有插话，望着他，期待着他继续说下去。他接着说：“既然校长今天要我们把纠结在心里的事情说出来，那我就实话实说。我的同桌女同学小霞，愿意帮我把成绩提高起来，她是我们全年级第一名，肯定能上清华北大。那天我们在操场上谈话的时候，拉了一次手，仅此而已。后来，她除了与我讨论学习上的问题，其他的事情对我很冷淡。我现在既高兴，又苦恼。”

宇辰打趣地说：“原来你是害了单相思啊！这应该是女生的特权，怎么到了你的身上？”

我说：“你让卓凡说完。”

卓凡朝宇辰挥了挥拳头，又鬼笑了一下，接着说：“我们同桌，天天都能在一起，有什么好相思的。问题是我把与小霞交往的故事写在博客里，引来了很多网友的讨论。我加入到其中一发不可收拾，每天夜里都上网写博客，一天不写就觉得不过瘾。前几天，妈妈说网络线路坏了，我知道肯定是她有意弄坏的。这几天晚自习后，回到租住屋不能写博客，我像丢失了什么。书看不进去，练习也不想做，一进屋就把自己关在房里，回忆与小霞交往的点点滴滴的事情，还是要磨到深夜才能入睡，第二天上课就打瞌睡。”

原来是这样啊！我这才明白了卓凡的妈妈与我探讨的卓凡上网的真正原因。应该说我们猜想的并不完全正确，只是沾一点边。

三个学生都说完了，他们见我默不作声，都瞪着眼睛看着我。天天说：“校长，我们都说了，您有什么好主意？”

我思考了一下，对他们说：“我今天不对你们高谈阔论了。我们今天完全民主，对你们说的这些纠结在心里不好意思对别人讲的问题，我们除了遵守保密的约定外，再来一个约法三章。这个约法三章完全由你们举手投票决定，不举手的也没有关系。但只要是二比一通过的决定，你们都要自觉遵守，不要我监督。你们看行吗？”

“什么约法三章？您能不能先让我们知道一下内容啊？”卓凡说。

我说：“那不行，你们要先同意这个前提。内容我们一起讨论商定。”

“我觉得可以。”天天说。

“我看也行。”宇辰说。

“你们都说行，那就行吧。”卓凡好像有些勉强地说。

“那好，你们都同意了，我就提出约法三章的内容来给你们讨论。”我微笑着对三个学生说。

“校长，您的约法三章，不会是假如我们不听您的话，就要把我们卖掉吧？卖的钱也不够您办学呀！”平常不大爱开玩笑的天天，今天却冒出这样一句笑话。他说完还对我做了一个鬼脸。

我也对他们开玩笑说：“放心，我现在不会卖你们。等你们做了比尔·盖茨，做了巴菲特，或者做了杨振宁、李政道，我再卖你们，那才值钱哟！那时候你们可以帮我实现办一个高标准的民办学校的梦想。”

宇辰说：“假如真有那么一天，我们一定让您实现这样一个梦想。”

我说：“谢谢你们有这样的心意。我们言归正传吧。你们现在最重要的任务还是读书考大学。不管心里有什么纠结，你们都要做到以下三点：第一，跟着老师的教学节奏，学好每一天的功课，不管考多少分都无怨无悔，相信自己考 600 分是优秀的，考 500 分也是优秀的。第二，高中还有一年的时光，可以与女同学保持正常的交往，但坚决不谈恋爱，把恋爱放到高考之后再进行。第三，每周只在星期日上一次网，其余时间要远离网络，进入高三之后一定要做到这一点。这就是我的约法三章，你们可以先讨论一下，我们再举手表决。”

我说完之后，三个家伙你看看我，我看看你，小声嘀咕着："这也太严厉了吧，尤其是最后一条。"

我接着说："凭我两年来对你们的了解，只要做到了这三条，明年高考你们三人的成绩肯定都在 600 分以上。用一年的约束，来换这样一个结果，你们觉得划算吗？如果划算，就不严厉了。"

天天说："也是，我应该可以做到。"

宇辰说："我不主动做到的话，妈妈也要逼我做到。与其让妈妈逼，不如按校长的要求，主动做到算了。"

卓凡觉得有点无奈，说："第一条我可以做到，后两条是不是还讨论一下，稍微放宽一点。"

"放宽了，就没有意义了。"我毫不犹豫地说。我心想，这两条就是针对你的，只是我不好明说。

三个学生见我今天话语果断，就默不作声了。这两年来的珞珈山课堂都是这样，只要我一严肃起来，三个学生就不敢说笑。

我接着说："你们开始表决，只要二比一通过，你们每人都必须自觉地无条件地执行。否则，谁不执行，就自己退出珞珈山课堂。现在，同意的请举手。"

天天和宇辰立即高高地把手举起来。天天还举起了双手，卓凡看看我，又看看天天和宇辰，也慢慢地举起了右手。

我宣布："三比零通过。"

我接着说："我建议这三条规定不写在纸上，你们就记在心里。我们把它叫珞珈山约法三章。”

“好啊，我坚决做到。”天天说。

“我也坚决做到。”宇辰说。

“我也做到。”卓凡说。

心里装着并不成立的“约法三章”，我们一起走下珞珈山。

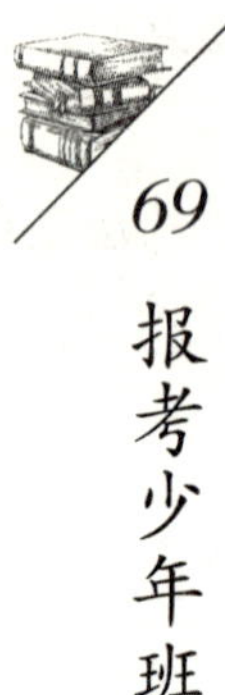

69 报考少年班

珞珈山约法三章对天天来说，有与没有都是一样的。天天按照自己的成长方式在东大附中的校园里开开心心地学习，在农村的爷爷奶奶和海归爸爸妈妈再加上他组成的五口之家里快快乐乐地生活。

今年高三毕业生高考报名的时候，天天找到我，说想参加高考，主要想试一下自己的水平，并不是想今年就去读大学。我告诉他，按规定，高二的学生不能报名参加高考。如果你想试一下，作为明年正式参加高考的适应性训练，可以报考中国科技大学少年班。这样你就有机会在高二参加高考了。天天的爸爸妈妈并不鼓励他去读中国科技大学少年班。他们觉得还是应该让儿子走常规的大学教育之路，那样可能对儿子的成长更有利。不过，他们倒是同意儿子高二时参加高考，试一下水平。

虽然天天报名参加今年高考，但他仍然和高二的同学们一样在上课学习，并没有参加高三的复习备考。所以，当高考的日子一天一天临近的时候，天天没有觉得有什么压力。该进教室的时候进教室，该去球场的时候去球场，全当没有高考这件事。这也是我签字同意他报考时对他提出的要求。我要求他把今年高考当做一次平时测验，看看用高考的标准来衡量，他对高中知识掌握的情况如何。

天天的性格我非常了解，这个学生能够很好地与家长和老师交流和沟通。家长和老师对他提出的建议与要求，他很坦率，能够做到就直接说做得到，不能够做到也会直言不讳地谈自己的想法。

宇辰和卓凡听说天天报名参加了高考，也希望能在高二的时候练一练兵，为高三参加高考打一个基础。他们找到各自的学校校长，要求校长为他们在报考表格上签字同意，但被他们的校长拒签。

宇辰的妈妈找到我，希望我能够为她的儿子打开方便之门，让宇辰以东大附中学生的身份报考中国科技大学少年班。我明确地告诉她，宇辰的高中学籍不在东大附中，不可能在我们学校报考。我还建议她，即使宇辰是东大附中的学生，我也不会签字同意宇辰报考。因为宇辰的学习成绩不是特别好，而且他的成绩是靠无休止地加时学习、补课等方式考出来的，再加上他对每一分的成绩都非常看重，一旦今年高考成绩不如他意料的那样，会给他造成很大的心理打击。这对他明年参加高考是很不利的。

我的这些建议宇辰的妈妈并不接受，她说："那您为什么同意天天报考呢？您是不是因为天天是东大附中的学生就偏心？"

我说："不是的。天天平时是什么成绩，不需要复习备考，一般就可以考出什么成绩。宇辰不一样，他如果不进行系统的复习，是考不出好成绩的。你别看平时考试宇辰只差天天30~40分，那都是宇辰加班加点学习的结果。天天的学习是比较轻松的。在都不系统复习备考的情况下，宇辰的考试成绩与天天的差距应该会达到50分。如果宇辰高二参加高考出现这样的结果，你想一想会对宇辰有多大的打击？他们是好朋友，平时成绩距离也不远。参加正式高考后一下子有这么大的差距，这对宇辰在高三的学习是很不利的。"

听我这样说，宇辰的妈妈觉得有一定的道理，就打消了要宇辰高二参加高考的念头。我嘱咐她，不要告诉宇辰我对他们成绩的分析情况，只告诉他不能在东大附中报考。否则，对宇辰的心理也是有影响的。

宇辰妈妈说："谢谢，您考虑得真周到。"

那天送走宇辰的妈妈没多久，卓凡的妈妈也来找我，同样是想让我帮忙让卓凡高二参加高考。

我对卓凡的妈妈说："你们对儿子的期望我很理解，但你们对卓凡教育的具体方式我确实不太赞成。

卓凡读高中以来，花在奥数学习和竞赛的时间太多了，现在看来也没有达到你们当初所期望的结果。按卓凡现在的学习状态和学习成绩，不适合参加高考。不要说我在这件事上帮不了你们，就是能够帮你们，我也建议卓凡不要在高二参加高考。”

听我说完这些话，卓凡妈妈很不服气，她说：“难道我们对他提出高要求，为他选一个好的高中，又为他创造最好的学习条件，都错了吗？”

我说：“如果要我回答，那我就告诉你，确实都错了。我跟你讲道理没有用，你不可能接受。我只能用你们教育卓凡的结果来分析。”

卓凡妈妈听我这么说，眼睛瞪得鼓鼓地看着我。我停了一会儿，喝了一口水，接着说：“卓凡、宇辰和天天三个人是好同学，初中毕业于一个班，卓凡的中考成绩是最好的。读高中两年后，卓凡的成绩现在是三个学生中最差的了。这个问题值得你反思。”

卓凡妈妈作为电视节目主持人，自尊心是很强的。我这样直截了当地指出她在教育儿子的过程中存在的问题，恐怕是她第一次听到这样的话。她的脸白一阵红一阵的，像是对我，又像是自言自语地说：“我为他花了多少心血，多少费用，还为他作出了多大的自我牺牲啊！我也不知道该怎么办了。他看见天天参加了高考报名，非要报名不可。”

我说：“我现在对卓凡最担心的，不是他的高考，不是他的学习成绩，而是他的性格。我觉得他的性格有点怪，心里的想法不能完全讲出来，看待人和事有一些偏激。这样的学生容易做出一些极端的事情来。卓凡已经有了一些这样的苗头。这应该是你和他爸爸目前最要关注的事情，而不应该把关注点放在还有一年时间的高考上。”

卓凡妈妈见我说的话离她来找我的想法越来越远了，就跟我告辞。望着她远去的背影，我越来越为卓凡担心。

后来，卓凡妈妈动用自己作为媒体人的关系，还是为卓凡进行了高考报名。

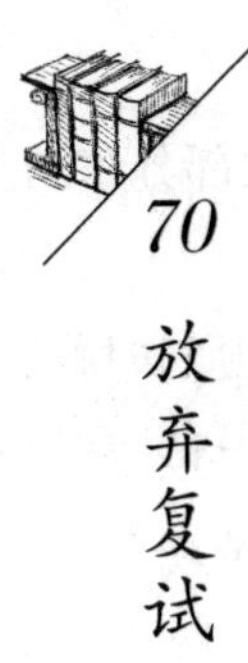

70 放弃复试

6月25日是高考分数揭晓的日子。下午5点，学校教务主任把高考成绩从市招办拿回来交给了我。我一看，今年我们学校取得了前所未有的好成绩。600分以上的人数几乎可以与东湖师大附中和东湖实验中学"三分天下"了。回想从市政府来到学校工作的三年时光，我感慨万千。学校老师和家长们为了学生成长所付出的辛勤努力，一幕一幕地浮现在我的眼前。学生们为了取得优异的高考成绩，不分昼夜地刻苦学习的情景，像电影片段一样不断地出现在我的脑海里。

我坐在办公室，情不自禁地拿出纸和笔，写下了两个字——感谢。

我以这两个字为标题，一气呵成地写了一篇发自肺腑的文章。

我要在明天的珞珈山课堂上朗读这篇文章。我要用这篇文章，激励我的三个学生以满腔的激情做好进入高三学习的准备。

6月底的珞珈山，大部分东湖大学的学生放假回家了。

清晨，我登上珞珈山的时候，早读的大学生没有往日多。这时候还在山上读书的学生，多半是准备考研或出国的人。他们用苦功学习英语，为了能够迈入一个新的人生里程。

三个学生已经先于我上了山。宇辰和卓凡在祝贺天天，看来他们已经知道天天的高考成绩了。昨天我看到天天的高考成绩的时候，也为他高兴了一阵。

宇辰远远地就对我说："校长，天天高考考了553分，已经收到大学少年班的复试通知。"

我走近他们，对天天说："祝贺你！天天。"

卓凡对天天说了几句祝贺的话之后，就开始一个人面对远方的东湖想着自己的心事。我估计卓凡高考肯定没有考好，这应该是意料之中的事。特别是与天天一比较，他就会产生很大的心理压力。

我不好直接问卓凡的高考成绩，就对他说："卓凡你在想什么呢？遇到了不开心的事吗？"

卓凡回过头来对我说："校长，我没有考好，只考了480分。"

我故作轻松地说："那已经很不错了，还有一年时间才是你真正的高考呢！这次考试本来就是练兵。"

听我这么一说，卓凡好像放松了一些。

我接着说："算了，我们不要讨论天天和卓凡的高考了。说一下你们这学期的期末考试成绩吧。"

三个学生各自报出了自己这次考试的分数：卓凡576分，宇辰608分，天天638分，都在东湖市划定的重点线548分之上。

我说："都不错，都超过了东湖市的重点线几十分嘛。明年高考如果你们考出这个分数，我们一起庆贺。"

我转而问天天："你准备去参加大学少年班面试吗？"

天天说："我爸妈和我商量不准备去，我本来就是想考一下试试，看一看自己的水平。"

我立即说："我支持，我与你爸妈的观点一样。从今天起，你要忘掉这件事，投入到高三的复习备考之中。"

我又对三个学生说："昨天我写了一篇文章《感谢》，今天在这里朗诵给你们听，就算我今天对你们的讲课，好不好！"

"好啊！"三个学生齐声回答。

我清了清嗓子，面向东湖，三个学生围在我身边，我开始朗读起来。

我朗读完毕，三个学生还沉浸在我那一连串的感谢中，好长时间没有人开口说话。

天天像突然醒悟过来似的，意味深长地说："太精彩了，校长，我明年要考得更好！”

宇辰说：“我为什么要上实验中学啊？校长，让我回来吧。”

卓凡说：“校长，你要是在东湖师大附中做校长多好啊！”

我说：“这篇文章是我在看到我们学校高考成绩后的激情之作。作为一个有理想有抱负的人，一定要对生活对工作对学习充满激情。这样，他的学业和事业才能取得成功。”

我接着说：“我们不是有这个珞珈山课堂吗？你们都是我的学生呀！现在你们已经没有选择了，只能一心向前，用自己的行动去赢得明年优异的高考成绩。”

“我们一定做到。”三个学生齐声回答。

下个月学校就要放假了。放假后，他们就是高三学生了。各个学校三年级的学生暑假都会统一补课，学校给高三年级学生的假期可能只有两三周，我想用其中一周时间，组织他们去贵州山区访问几个贫困家庭。

三个学生听了我的建议之后，都非常高兴。

卓凡高兴过后，对我说：“校长，我可能去不了，爸爸妈妈肯定不会让我去。”

“我的爸爸妈妈肯定也不会让我去。”宇辰也这样说。

我对他们说：“这一点我已经预计到了，你们家长的工作我来做。另外，这一次去贵州的所有费用由我个人负担。我对你们的要求是，每人回来后要写一篇文章，谈一谈自己的感受，要交给我。”

三个学生自然满口答应。

我们一边说笑着，一边朝珞珈山下走去。

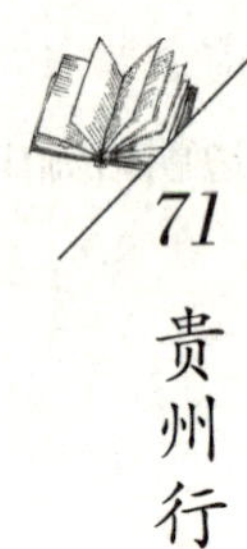

71 贵州行

学校好不容易放假了。

但是，暑假对于高中校长而言，放假与不放假没有多大区别。前一届的高三学生毕业了，新一届的高三年级又开始了高考的备战冲刺。

高考对于一个学生来说，一生一次；对于一个老师来说，三年一次；对于校长来说，一年一次。7 月 5 日放假后，按上级要求，学校还要对老师进行高中新课程改革的培训。

我把与三个学生约定的贵州之行定在 7 月 23 日。

天天已经告诉我，他爸妈很支持他去贵州。他说，如果不去贵州，他是准备去农村老家陪爷爷奶奶两周的。

天天的话让我很感动。他告诉我：“爷爷奶奶岁数大了，我与他们住在一起的时间又很少，上高三之后学习又忙，只有这个暑假有一点时间回老家陪他们。我还买了一套数理化经典习题集，准备在老家把它做完，做不出来的，回来找老师和同学请教。”

天天就是这样，做什么事都有自己的主见，不用家长和老师为他操心。有一天，我夸天天的妈妈把儿子教得这样好，天天的妈妈说：“他这种习惯是从小培养的，小时候我和他爸管得比较多，现在我们根本不怎么管他了。他的事情他自己做主，我们只给他提一些建议，或者提供一点帮助。”

我觉得，天天妈妈的话，就是我一直在追求的教育的最高境界——教育的目的就是为了不教育。

当今中学生的爸爸妈妈，又有多少人能做到这一点呢？他们对儿子的操心和付出，也许远远多于天天的爸爸妈妈。可是，他们收获的都是与自己的希望相反的东西。这不能不引起我们一些家长反思，引起我们教育工作者反思。

我打电话给宇辰妈妈的时候，宇辰妈妈的第一句话是：“校长，那不耽误功课吗？”

我给她解释了好半天，告诉她，孩子上了一学期的课，够累的，就当让孩子出去散散心。我还说宇辰长期待在都市里，根本不知道中国社会是怎么样的状况，我让他看一看农村山区，看一看那里的孩子怎么样读书，怎么样生活，对他高三时期树立复习备考的信心有帮助。

听我这样说，宇辰的妈妈才勉强同意。按理说，宇辰的爸爸是我的同事，这事我与他爸商量就行了。但我知道，在宇辰的教育问题上，我的这位同事说了不算，得他老婆说了算。

我与卓凡的妈妈商量让卓凡随我去贵州的时候，卓凡的妈妈没有丝毫商量的余地。她说："现在我们正在为卓凡的成绩发愁，他高考要是达不到 600 分，就上不了好大学，那卓凡就完了。"

这位昔日走红的电视节目主持人，如今把一切希望都寄托在儿子身上。难道一个高中生考不了 600 分就完了吗！什么话？但我不好与她就这个话题讨论。我感觉到，与她讨论这个话题，是不可能有一个能让她接受的正确的结果的。

我只是告诉她："卓凡、天天、宇辰三个人是好朋友，现在天天和宇辰打算去。如果你们不同意卓凡去，凭我对卓凡的了解，他可能会离家出走，或者做出一些其他的极端事情来。那时候不说 600 分，就是 700 分也没有用了。"

听我这样一说，卓凡的妈妈这才松动了说话口气，说要与卓凡商量一下再回复我。

当天晚上，我收到卓凡妈妈的短信：同意卓凡去贵州，时间一周。

就在我们准备了行囊，即将出发的 7 月 23 日，天天接到了卓凡打来的电话，说他爸妈不让他去贵州了，因为他们从网上看到，武汉大学学生赵小亭 7 月 12 日去贵州贵定县支教，7 月 21 日在山路上被飞来的石头砸中遇难了。我们准备去的地方正好是贵定县。

这条消息我昨天也在网上看到了，我们去的地方正是贵定县马场河乡。因为怕三个学生的家长担心，我才没有告诉他们具体的行程和地点。卓凡的妈妈本来就不愿意让卓凡去贵州。在她看来，暑假为卓凡请家教，上补习班，比什么都重要。现在赵小亭同学出事了，正好让这位妈妈有了充分的不让儿子去贵州的理由。她的这个决定，我一点也不感到意外。但我还是为卓凡担心，因为卓凡不会甘于被她关在家里补课。

我和天天、宇辰坐上了从东湖市开往贵阳的火车。这是一趟慢车，沿途见站就停。我们要坐一夜半天，第二天中午才能到贵阳车站。我们要去的贵定县，在贵阳的前一站。

火车快要到贵定站的时候，卓凡的妈妈打电话问我："卓凡是不是与你们在一起？"

"没有呀，我们已经快到贵定县了，还在火车上。卓凡怎么了？"我估计，我一直担心的事情，还是发生了。

卓凡的妈妈在电话那头哭了起来。她说："卓凡昨天在家里接受了一整天一对一的家教辅导，晚上吃饭后说要到小区里去散步，结果一出门就一整夜没有回来，手机没有带，身份证也没有带，就是一个人空手出去的，身上带的钱也不多。我和他爸昨天找到大半夜，今天又找了半天，没有他一点消息。"

我不知道该怎么回答她。她儿子离家出走了，我这时候说什么也是没有用的。卓凡去了哪里，我心里一点儿底也没有。但是，我还是安慰卓凡的妈妈说："他身上没有带多少钱，应该不会去很远的地方。也许是在哪一个同学家里，也许是去了网吧。你们再找找看。他要是与我们联系，我们会马上通知你们。"说完我就把电话挂了。

在我身边的天天和宇辰，听见了我与卓凡妈妈的通话。宇辰说："应该不会有事的。卓凡这段时间在小霞的鼓励下很求上进，成绩也提高了不少。他要用自己的行动换取小霞对他的好感，应该不会盲目地离家出走。"

天天与宇辰的看法有一点区别。他说："卓凡情绪不稳定，容易一时冷一时热，弄不好会做出一些极端的事情来。他的妈妈还像管小孩一样管着他，不把他当成有思想的十七八岁的大孩子看待。这样下去，今天不出事，明天也会出事。"

我觉得天天的话说得不无道理。但卓凡毕竟还是一个高中生，我不能附和着天天这样说。因为同样一句话，从天天的嘴里说出来，与从我这个校长的嘴里说出来，其分量是不一样的。

我把他们的话题从卓凡身上转移到贵州山区孩子上学的问题上来。我问他们："赵小亭的事迹你们知道了吗？"

"知道了，校长，我觉得赵小亭是我们同龄人的骄傲。她连续两年利用暑假支教，作为一个女生，太了不起了。”宇辰说。

天天说：“前天看到了赵小亭的事迹后，我也萌发了支教的想法。可惜我们今年是高三，学校放假的时间不够，否则我会留在贵州支教一个月。我要把外面的世界介绍给大山里的孩子。”

我说：“你们这次的任务是考察了解，我希望你们细致观察，认真思考。在中国，还有很多孩子不能像你们一样无忧无虑地生活。他们仅仅生活在温饱线上，他们没有窗明几净的教室，他们上学要走十几里山路。你们要把对这些问题的思考写出来，并讲给你们班里的同学听。”

我们一路讨论着，贵定车站到了。

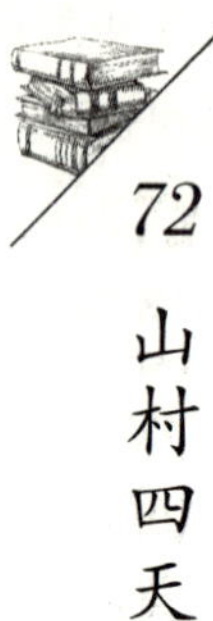

72 山村四天

我们三个人走出车站的时候，卓凡正站在门口向我们招手。

我们都很惊讶。我问他："你怎么来了？你爸妈知道吗？"

卓凡说："他们不知道，我偷偷跑出来的。我跑到火车站买了一张站票，站了好几站才弄到一个座位，坐过来的，与你们是同一次车。"

我说："既然来了，就安心与我们一起活动。你先打一个电话告诉你妈妈，免得她为你担心。"

卓凡不想打电话。他说："我没带手机，带的钱也刚好只够买一张火车票。"

我打通了卓凡妈妈的手机，并把我的手机递给了卓凡，卓凡接过手机，只告诉妈妈与校长在一起就挂了。

卓凡妈妈又打电话过来。我说："放心吧，卓凡自己买了一张票到了贵州，我会把他带回去。"事已至此，卓凡的妈妈就不好再说什么，说了几句感谢的话，就把电话挂了。

贵定县马场河乡离县城十七公里，全乡只有三个行政村，但村民居住得很分散。这里高山环抱，青山绿水，蓝天白云。走在山间小路上，那份宁静，真让人产生世外桃源的感觉。

我与三个学生商定，我们这次贵州行不是支教，不是做志愿者服务，也不是扶贫，而是做社会考察。我们的考察也不一定要有一个明确的结果性的东西，只是让你们三个即将走进高三的中学生了解社会。

我们在离公路不远的一个小寨找了一户人家，这户人家住着一对60多岁的爷爷奶奶和一对孙子孙女，老人的儿子儿媳在深圳打工。听我们说明来意，两位老人很高兴。老爷爷向我们介绍，他们家是这个寨子里条件比较好的，因为儿子儿媳在外打工挣钱，现在住的新屋子是去年儿子带回钱来修建的。寨子里靠种地养家的人，家里的生活都比较困难。

我说："您的儿子儿媳不错，有出息。我们在公路上走的时候，就看到了，全寨子就数您的房屋最漂亮。"

两位老人听我这样夸他的儿子儿媳，自然很骄傲。我接着说："我们想在您家里住上四五天，床单被子我们都带来了，用桌子和门板拼两张床就行。另外，我们这几天吃饭也在您家。我们的住宿费和生活费，按人头每人每天给您100元，您看行不行?”

老奶奶说：“你们是大老远来的稀客，请都请不来，要什么钱?再说，这大山深处，吃饭要不了几个钱。房子空着也是空着，你就住在儿子的房子里，床是现成的。”

老爷爷说：“一张床睡四个人可能挤了一点，我再用木板给你们拼一张床。”

我拿出事先准备好的2000元钱给两位老人，老人说什么也不要。我说：“你们两位老人在家里拉扯两个孙子孙女也不容易，我们怎么好意思在这里白吃白住呢?这几天做饭你们就别管了，由我和三个学生负责做，饭好了你们祖孙四人来与我们一块吃，你们把柴米油盐菜给我们准备好就行。”

卓凡、宇辰和天天也随声附和着，他们一口一个爷爷奶奶地叫着，叫得两位老人甚是开心，这样就把钱接着了。

我们在那里吃的第一顿饭还是房东奶奶做的。吃完饭，我给三个学生开会。

我说：“从明天开始，我们在这个寨子和附近的两个山寨走村串户考察了解四天，每天留一人做饭，其余三人集体外出，不允许单独行动。山里有你们想象不到的危险情况。前几天赵小亭同学的不幸遇难你们都知道了，我们要平平安安地来调查，平平安安地回家。”

三个学生都满口答应。因为前一天晚上大家在火车上都没有睡好觉，早早地简单洗了一下，就呼呼大睡了。

第二天我们起床后，房东爷爷对我们说：“大家来吃早餐吧。”我们到餐桌上一看，几盘咸菜，几碗稀饭已经放在桌上了。

我说：“这怎么好意思，不是说好我们做饭吗？”

房东奶奶说：“这不算什么，只是这大山里条件差，没有什么好东西招待你们这些贵客。”

吃完早餐，三个学生外出调查去了。房东爷爷说去附近的集市上买点东西。我和房东奶奶到地里去弄今天的菜。

这里的村民在山上种一点地真不容易。地都是一小块一小块，在山坡上用小石头围起来的，完全是望天收。遇到干旱或多雨，地里就没有收成。

房东今年种的菜都长得不错。我们摘了一些青菜，又挖了几斤土豆，就回家了。

我们回家不久，房东爷爷赶集回来。他买回一条草鱼和几斤猪肉。山里人淳朴好客，靠的不是言语，而是行动。

除了第一天的饭是我做的之外，其余三天，虽然卓凡、宇辰和天天三个人每天有一个人留在家里做饭，但其实都是房东奶奶做的饭。因为他们不会做，只能给房东奶奶打下手。房东奶奶告诉我说：“天天这孩子能做事，长大了肯定有出息。”

四天的社会调查很快就结束了，三个学生感慨很多。每天外出调查归来，他们都有说不完的话。

卓凡说：“想不到中国还有这么穷的地方，有一个家里所有的被子我都看不出颜色来了，全是旧衣服一块一块补起来的。”

宇辰说：“这里的学生上小学真不容易，要走那么远的山路。”

天天说：“这里的老百姓没有什么收入来源，来之前我在网上查了一下，马场河乡去年全乡财政收入才十多万元。”

我说：“你们回去后，每人写一篇调查感受，交给你们爸爸妈妈。天天是我们学校的学生，我准备安排你在9月的成才讲堂上，给高三年级的全体学生讲你这次贵州之行的感受。”

三个学生都很高兴地接受了我交给他们的任务。

几天之后，我分别接到卓凡和宇辰的妈妈打来的电话，她们都在电话中感谢我用这种方式来教育他们的儿子。她们看了儿子写的调查感受，觉得儿子一下子成熟了许多，懂事了很多。

三个学生从贵州回来之后，都投入到了各自学校的高三暑期补课之中。

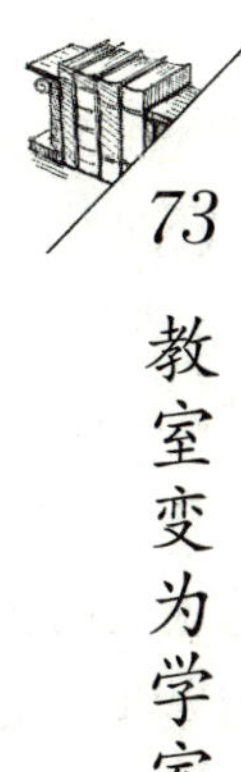

73 教室变为学室

虽然离 9 月 1 日正式开学还有一个月时间，但各个学校的高三年级都是这样，学生进入高三的时间是从 8 月补课开始的。

上学期，我在学校提出了“因材施教，分类辅导，让每一个学生都有提高”的教学目标，在学校试行“先学后教，当堂训练，课后复习，周末小结”的教学模式。

一整个学期，我都与各学科的老师们一起，讨论如何落实“先学后教，当堂训练，课后复习，周末小结”教学模式的每一个具体细节。

“先学”是什么时间学？是在课堂内学，还是在课堂外学？如果是课堂内学，那应该给学生多少时间？每一门学科的特点不同，给学生的时间也不应该相同。

“后教”是整课堂都是“后教”，还是一半的课堂时间“后教”？教的时候应该采取什么方式教？是老师按备课的知识从头讲到尾，还是让老师在学习讨论中对学生进行引导，进行归纳，进行总结？

“课后复习”在什么时间？还有预习，也要有时间。这些时间怎么安排？一天在课后安排多少复习、预习和练习时间才算科学？这里说的科学，也就是既不能无限制地增加学生的学习负担，又不能让学生放任自流，达不到教师引导、督促的效果。还有，每个学生的接受力、理解力是有区别的，老师统一安排的内容，有的学生一两个小时就完成了，有的学生可能三四个小时也无法完成。对于这样一些情况怎么办？

“周末小结”学校怎么组织？老师与学生怎样配合？是以老师小结为主？还是以学生小结为主？是以班为单位统一进行？还是分类别进行？或者是由老师统一指导后，学生自己进行？

把以上这些问题回答好了，新的教学模式就会产生很好的教学效果。

学校老师对新的教学模式在会上会下讨论得非常热烈。这就是我想要的效果。即使这种教学模式在学校推行不起来，也能够引导教师进行新的探讨，把教师的注意力吸引到课堂教学的研究上来，免得一些老师无事的时候说是弄非，这就是成功。这样可以在学校形成学习研究型的师风校风。

没有等学校拿出统一的实施方案，一些青年教师就已经在教学实践中尝试新的教学模式了。学校教科处组织了几次新教学模式的公开课，参加听课的老师都感到新的模式确实把学生学习的积极性调动起来了。

在一些老师们行动起来，自觉探讨新的课堂教学模式之后，我并不急于在全校统一推行某一种具体的教学方法，而是继续动员，继续让全校各学科老师各显其能。我想，只要是在“先学后教，当堂训练，课后复习，周末小结”这个总体的思路之下，各科老师的课堂教学可以百花齐放。

在一次讨论会上，我说：“到现在为止，我们学校，才有一点像学校。原来我们学校不像学校，像什么呢？像教校。教校是老师教书的地方，学校是学生学习的地方。两者乍看起来是一样的，仔细一想是不一样的。一个是以老师为主体，一个是以学生为主体。在教校，老师教书的课堂叫什么？叫教室。现在我们大多数学校应该改为教校才名正言顺。老师在教室里从头教到尾，课讲完之后，学生学没学，好像不是老师的事，老师只管自己教的任务完成了就行。”

我的这席话把有的老师说得目瞪口呆。特别是一些老教师，他们教了几十年书，第一次听人这样解读自己的工作。在他们疑惑、惊讶和期待的目光中，我接着说：“我们试行新的课堂教学的目的，就是要把以老师为主的教校，办成以学生为主的名副其实的学校。

要把老师的舞台——教室，改为学生的舞台——学室。现在我们的中小学生，有学校，却没有学室，这是不正常的。学习是学生的事情，老师是为学生的学习服务的，而不是学生是为老师的教书服务的。”

“精辟!”没等我接着往下讲，就有老师这样打断我的讲话，大家的讨论比以往更加热烈。

一些老师开始主动邀请我去听他们的课，确切地说是去观摩他们课堂的教与学，因为新的课堂已经不是老师的讲堂了，老师讲的东西很少，主要是同学们在学习讨论。

74 一堂精彩的数学课

天天的数学老师也上了一堂公开课，邀请了全校数学老师参加观摩。余老师仍然用他那能给同学们带来欢笑的方言，带领全班同学学习讨论。现在，他班的学生，学习讨论的气氛非常浓。

那一堂课，是复习直线与平面垂直判定。我把珞珈山课堂的另外两个学生卓凡和宇辰也带到教室来听课，天天给他们找了两个座位。

课前，余老师布置同学们做了几个试验，还布置了两道练习题。要完成试验和习题，同学们就必须先复习教材，而余老师并没有要求同学们看教材。这样的方法可以让同学们自觉地去复习。

课堂教学开始后，余老师说了本堂课的第一句话："这一堂课我们复习直线与平面垂直的判定，请同学们分组讨论 5 分钟。"他说完把"直线与平面垂直的判定"写在黑板的正上方。全班 54 名同学分成 9 个组，每组 6 人。大家把课前做的试验和习题相互交流，讨论出正确的结果，指出问题出错的地方及原因。分组讨论结束后，每一个组推荐 1 名同学到教室前后的黑板上演算各组认为的最佳试验结果与练习答案。

学生演算结束后，余老师说了本堂课的第二句话："请教室后面四排的同学向后转，审视后面黑板上各组演算的过程与结果，教室前三排的同学审视前面黑板上各组演算的过程与结果。有不同看法的同学，可以与周边同学讨论。"教室里开始很寂静。同学们都屏住呼吸，浏览着黑板上的几组试验与练习的演算过程与结果。一两分钟过后同学们之间开始了热烈的讨论，有的同学甚至好像要争吵一般。

这时，余老师开口说他课堂上的第三句话。他先是用手把讲台上的桌子拍了两下，然后说："讨论结束，同学们请安静。下面请天天同学到前面的黑板前来，请妮妮同学到后面的黑板前去，由你们两位综合大家的意见和看法。要发表意见的请举手。"同学们一个个竞相举手发言，表达自己对直线与平面垂直的看法，天天和妮妮一个在前，一个在后，引导、总结、讲评着同学们的发言。

演算、讨论和学生讲评，共花去 15 分钟。学生讲评结束，余老师用他富有磁力的方言开始了课堂讲授。

“现在请大家记住这样几句话：第一，如果直线 l 与平面 A 内的任意一条直线都垂直，我们就说直线 l 与平面 A 互相垂直，记作 $l \perp A$。”

他一边讲，一边在黑板的左边板书所说的话，在黑板的右边画图。余老师讲课基本上是不看讲稿的，这一点也让他的学生很是佩服。所有的公式定理，他都熟记于脑，板书出来的与教材上写的一字不差。

他画完图之后，转过身来接着说：“大家要记住的第二句话是：直线 l 叫做平面 A 的垂线。平面 A 叫做直线 l 的垂面。直线与平面垂直时，它们唯一的公共点 p 叫做垂足。”

他仍旧是一边在左边板书，一边在右图上用粉笔指出所讲的内容，以引起学生的注意。

然后，他开始总结同学们所做的各种直线与平面垂直的试验，同学们做得最多的是折纸试验。讲完试验之后，他说：“这一堂课大家要记住的第三句话，也是本堂课最重要的一句话是：一条直线与一个平面内的两条相交直线都垂直，则该直线与此平面垂直。这是我们上面的试验得到的结论，也是直线与平面垂直的判定定理。”

他把这第三句话用红色的粉笔写在黑板左边，在黑板的右边写下一个例题。

他转过身，问：“这道题谁会做？愿意上来做的请举手。”

刷刷刷，全班好多同学把手举了起来。

余老师不慌不忙，慢条斯理地说：“大家都会做就算了，这么简单的题目我来完成。”

他一边说笑，一边给同学们讲解例题的求证过程。求证结束后，他又用他那“标准音”方言问同学们：“老师讲的对(dèi)不对(dèi)呀?”

“对(dèi)哟!”全班同学都用余老师的“标准音”回答。

接着是满课堂的笑声。

余老师讲定理和例题花了约10分钟。接着他布置了五道课堂练习。前三道题是用白色粉笔写的，第四道题是用黄色粉笔写的，第五道题是用红色粉笔写的。

他一边在黑板上抄题目，一边说：“A组的同学必须做完白色的题目，B组的同学必须做完白色+黄色的题目，C组的同学必须做完白色+黄色+红色的题目。A组和B组的同学，如果完成了我规定颜色的题，也可以再做其他题。”

课堂立即静下来，同学们埋头做自己的练习。余老师所说的A、B、C三组同学，实际上是他把班里的学生按他们对数学的接受和理解能力，分成了慢、中、快三个类别，对不同的学生提出了不同的目标要求，在教学与练习中也采取了不同的办法。这样，可以保证每一个学生都能在自己的基础上有所提高，让每一个学生都不至于讨厌数学，甚至让每一个学生都喜欢数学。

在学生做题的时候，余老师在教室前后来回走动。遇到有学生举手，他就走过去当堂辅导。离下课还有两分钟的时候，三组同学按不同的要求把规定的必做题都做完了。余老师走上讲台，说："刚才我发现一部分同学在做第四、五题的过程中出现了一些共同的错误，我在这里给大家统一指出来。"

他讲了为什么会出现这种错误，类似的错误还可能有几种，今后练习时如何避免发生这类错误，都是三两句话，简单明了。

讲完之后，他停了几秒钟，一脸严肃的样子。同学们都瞪着眼睛看看他，不知道老师要干什么。忽然，他脸色一开，笑眼一眯，双手背在身后，身子前倾，歪着头，对学生问道："我今天要你们记住哪三句话呀？"

"第一……第二……第三……"同学们齐声回答。

"为了检验大家是不是真正把这三句记住了，我还有五道题送给大家，仍然是 A、B、C 三组。还有，我们下一节课，也就是明天上午要学习平面与平面垂直的判定。我送给大家两道题，大家先翻一翻教材，会做的就做，不会做的就思考一下。习题我都印好了，下课后由数学科代表发给同学们。"

在余老师的讲话声中，下课铃响了。

"同学们，再见！"

"老师，再见！"

听余老师的课，你能够享受到当老师的快乐。他营造的课堂气氛，他建立的师生关系，他引导、启发学生的技巧，他的学生对他的崇拜，就连学生对他的方言的调侃，都让人仰叹，让人羡慕。

这就是一个优秀老师的魅力所在。

卓凡和宇辰听完课，对天天说："天天，你太幸福了。听这样的课，真是一种享受。"

三个学生即将开始真正的高三生活了。我与三个学生的心情一样，期待着高三这一年，是他们收获和成就的一年。

75 600分啊，600分！

9月1日开学后，东湖市教研室组织全市高三学生进行调考，卓凡考了610分。这是卓凡在久违了600分之后，又一次站在600分之上。卓凡高兴，全家人也自然高兴。

还有两个高兴的人，一个是杨老师，一个是女同学小霞。卓凡的妈妈想请杨老师吃饭，感谢一下杨老师，但是一想到上一次吃饭闹的绯闻，就不好意思再开口邀请杨老师了。

卓凡向妈妈提出了请人吃饭的要求，他说要请几个同学到家里吃饭。妈妈问他为什么要请同学？他说同学们对他帮助挺大的，要感谢同学们。其实他心里要感谢的只有一个同学，就是小霞。但是，如果只请小霞一人吃饭，小霞不会来，妈妈也不会同意。

卓凡的爸爸听说儿子要请同学吃饭，也挺高兴。他高兴的不是儿子请同学，而是儿子学习成绩的提高。他还主动承担起了买菜做饭的任务，卓凡的妈妈给他打下手。全家人像忙年夜饭一样，在学校旁边的租住屋里高高兴兴的，屋子里有说有笑。

自从卓凡读高中以来，这还是这个家里第一次出现这种其乐融融的氛围。

这是9月的一个周末，学校没有上课，卓凡请的同学有七八个。同学们到齐之后，妈妈准备开饭了，卓凡说等一等。他走进自己的房间，拿出一盒生日蛋糕。连卓凡的爸爸妈妈都不知道，他什么时候买了一盒生日蛋糕放在家里，也不知道卓凡今天是给谁过生日。因为他只是说请同学吃饭，没有说别的。

同学们你看看我，我看看你，都不知道今天是谁的生日。卓凡将蛋糕放在桌子中间，插上并点燃蜡烛。他说："各位同学，大家不要奇怪，今天不是谁的生日。还有三天是小霞的生日，但那一天我们要上课，所以让我们今天提前祝小霞生日快乐。"

同学们正准备拍手唱生日快乐歌，卓凡又说："大家还听我说一说。我们都不是今天过生日，但今天可以说是我的生日。进入东湖师大附中读高中以来，我的考试成绩一次不如一次，我有一段时间好像彻底要绝望了，有一种生不如死的感觉。不，我感觉自己就是死了两年了。在大家的鼓励下，我这次终于又考回到了600分。这一次考试之日是我的重生之日，我就把今天的同学聚会当成我新的生日。”

大家都不知道卓凡说出这样一番话，也不知道该不该拍手唱生日快乐歌，都把举起来的手停在半空中。卓凡的妈妈的泪水已经默默地流出来了。最后是小霞打破了这突如其来的平静。

她说：“卓凡，不要说这些。今天我们能够在9月调考之后在你们家里聚会，我们要感谢你的爸爸妈妈为我们忙活了大半天。这么一大桌菜，我早就开始流口水了，我们吃饭吧。”

卓凡的妈妈也说：“来，大家吃菜吃菜。”

于是，同学们一个个坐下来，卓凡吹灭蜡烛，将蛋糕一块一块地分给同学们。卓凡无语，大家也无语。

吃完饭，学生们回学校上晚自习去了。

卓凡的爸爸将客厅厨房收拾干净，也回家去了。

卓凡的妈妈一个人在客厅的沙发上坐着，呆呆地望着并没有打开的电视机，想着卓凡吃饭前所说的话，两行泪水从眼睛里流出来，滴在胸前的衣服上。

卓凡的妈妈给我打电话的时候，我正在学校的操场上散步。

我接通电话之后，卓凡的妈妈半天没有出声，而是在电话中抽泣。我知道她一定是又遇到教育卓凡的难处了，安慰她不要急，慢慢说。

她把卓凡的那些话讲给我听之后，我说："卓凡的思想负担确实一直很重。我现在最担心的不是卓凡的成绩，而是他的思想。我觉得卓凡已出现了一些不太好的苗头，你和他爸爸要引起充分的重视。这次考过了600分是重生之日，那下一次如果又只考了500多分呢？是不是又要'死'去？所以，我建议你们一定要调整教育卓凡的思路，不能总是要他考清华北大，考复旦交大，否则会出大问题的。"

卓凡的妈妈在电话那头说："校长，考不过600分，哪里有什么好大学上啊！"

听了她这句话，望着远处教室里的灯光，我真为卓凡担心，也为类似卓凡的所有中学生担心。

现在，有多少优秀的孩子，在家长望子成龙的期待中，被家长们采取的不正确的教育方式毁灭了。更可怕的是，那些对学生教育的无形之毁，不能被我们家长和社会所认识。大家都从良好的愿望出发，却充当了摧毁学生的幕后操手。

我一边散步，一边构思这次珞珈山课堂的讲课内容。我要把自己的想法告诉三个学生，尤其是卓凡。尽管我觉得，我对他的讲课也许是苍白无力的。但是，我还是要对他尽一个教育者的责任。

珞珈山课堂的那天，卓凡很高兴，天天也很高兴，只有宇辰一脸愁云。

卓凡告诉我他 9 月调考成绩是 610 分。天天告诉我他考了 640 分。宇辰说："校长，我这次只考了 580 分。"

我说："宇辰，你别愁眉苦脸的，580 分已经是很不错的成绩了。"

宇辰说："因为我这次没有考好，爸爸妈妈每天在家里吵架。有时，我真不想回家了，想住校，但妈妈又不让我住校。她说高三要冲刺了，前两年都挺过来了，还有一年时间，她一定要在租住屋里照顾好我的生活，让我专心学习。可是，爸爸妈妈天天吵架，我专心得了吗？"

我说："你们三个同学的考试成绩真的很不错。只是你们的家长为你们定的目标太高，又只讲分数，不讲你们成长过程中比分数更重要的那些东西，如价值观、习惯、修养等，所以他们就经常为你们的分数苦恼、吵架。对此，你们应该要有一个正确的态度。不然的话，你们高三的学习生活就很难挺过来。这也是我今天要给你们讲课的内容。"

接下来，我就开始了今天的正式讲课，我告诉三个学生：并不是每一条小河都流进大海，但每一条小河都应该奔腾向前。

我还告诉三个学生，高三这一年各个学校都会没日没夜地给你们上课、补课，我们的珞珈山课堂不能每个月一次了。我们还进行三次：本学期期末考试之后一次，下学期 3 月调考之后一次，高考之后再上最后一次课。

听完我的安排，宇辰露出一脸无奈的样子说："这太遗憾了。"

卓凡和天天也随声附和着。

天天说："校长，我记住了你今天的讲课，明年我会用优异的高考成绩来证明我们路珈山课堂是东湖市最好的课堂。"

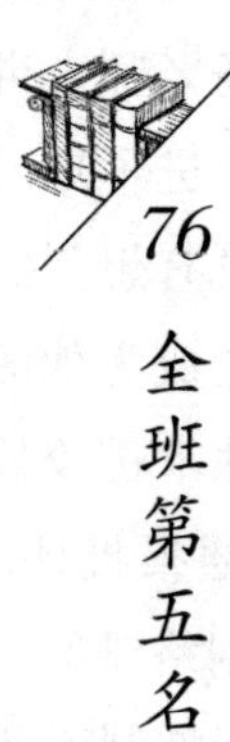

76 全班第五名

高三上学期期末考试成绩出来的时候，卓凡正在家里蒙头睡觉。

他太累了。进入高三之后，他就没有在夜晚 12:30 之前睡过觉，没有在早晨 6:00 之后起过床。老师布置的作业很多，妈妈每天像半夜鸡叫的“周扒皮”一样盯着他，爸爸也时不时“提醒”他几句。好不容易等到期末考试学校放了两天假，老师们改卷，学生休息。说是休息，其实各科老师布置的作业也让卓凡休息不了。他目前最想做的只有一件事：睡觉。

杨老师统分之后，看见卓凡考了 650 分，这是卓凡进入高中以来的最好成绩，这个成绩的学生高考的时候有可能冲刺清华北大。

卓凡自从结束奥数训练以来，高考科目的学习成绩上升很快。学生的进步对老师来讲自然是值得高兴的事。卓凡的进步对于杨老师来讲，又不同于其他学生的进步。从卓凡上高中进了自己的班，杨老师经历了太多的事。他做梦也没有想到，自己年轻时曾经仰慕过的美女主播的儿子会成为他的学生。为了把这个学生分在他所带的班，他求过校长。在班级学生调整时，他又为卓凡被学校通报批评。因为吃了一次饭，又与这位美女主播闹过网络绯闻。所以，当他今天看到卓凡 650 分的成绩时，抑制不住内心的激动，迫不及待地拨通了卓凡妈妈的电话。

杨老师对卓凡妈妈说："卓凡这次考了 650 分，全班第 5 名，全年级第 36 名。卓凡这个学期成绩进步非常快，如果下学期继续这样努力下去，6 月高考过清华北大录取分数线应该比较有把握。"

卓凡的妈妈听到这个分数，有一点不敢相信自己的耳朵。她说："真的吗？杨老师，有没有搞错？"

杨老师说："错不了，分数刚出来的时候，我也这样怀疑，后来我又核对了一遍，确实是 650 分。650 分是东湖市高三学生的一个心理线，达到了这个线的学生，高考目标就是清华北大。"

"太谢谢你了，杨老师，我真不知道怎么感谢你才好。虽然这不是高考成绩，但你对卓凡的付出，我真的不知怎么感激。"卓凡的妈妈看见儿子的成绩这么好，又回到了三年前卓凡中考时的那种状态，内心里比杨老师还要激动，说话都有一些语无伦次了。

她赶紧跑进书房把这个好消息告诉丈夫。丈夫正在研究一个官司的案卷，他听说卓凡期末考试考了650分之后，马上停止手里的活，站起来说：“我就知道这小子肯定行，以前没考好，就是因为不努力。这小子像我，聪明！”

卓凡妈妈说：“哟，只要儿子有值得夸耀的地方，就像你，不好的地方就像我。”

卓凡爸爸说：“这可是你说的，我可没有说。”

从卓凡上高中以来，这是夫妻俩少有的亲热和俏皮的对话。这两年多来，他们经历了太多的相互埋怨和冷战。从不理解，到大声争吵，再到小声嘀咕，最后到无语的冷战。他们在各自的内心里都厌倦了对方，都盘算着等儿子高考之后，向对方提出来各奔东西算了。只是他们在考虑各自的情感的时候，都顾及了一点，那就是儿子的高考。

所以今天的事，让这对中年夫妻很是高兴。卓凡的爸爸问：“卓凡知道他的成绩了吗？”

“还不知道呢！是杨老师在第一时间打电话告诉我的。卓凡还在关门睡觉呢！”卓凡的妈妈说。

听见杨老师三个字，卓凡的爸爸心里就感到别扭。不过今天儿子考这么好的成绩，他也就没有把这种内心的别扭表现出来。他说：“应该让他知道。”说着就走出书房。他来到卓凡的房门口，用力拍打着房门，喊道：“卓凡，快起来，都什么时候了？还睡。起来有好消息告诉你。”

卓凡眯着眼睛，很不情愿地打开房门说：“吵什么呀？好不容易才有一个睡觉的机会。吵什么吵？你们等我高考结束了再吵行不行？”

卓凡还以为爸爸妈妈与平时一样，又要为他的考试成绩争吵，因为这样的日子太多了。

爸爸说：“今天不吵，你期末考试成绩得了 650 分，刚才杨老师打电话来了。”

“650 分怎么了？有用吗？我要睡觉。”卓凡说完就关门睡觉。

在卓凡用力关门的时候，卓凡的爸爸把手伸过来，准备阻止儿子关门，因为他今天高兴，想与儿子说话。哪知道儿子用那么大的力，门关过来的时候，正好把他的手夹在了门缝里。他哎哟一声，疼痛得大叫，脑门冒汗，两眼生花。儿子居然像没有事一样的，准备继续睡觉去。他用脚踢开门，上前一步，用力给了儿子一巴掌，打在儿子的左脸上。

卓凡没有想到平白无故地被爸爸打一巴掌，他本能地抬起右脚，踢在爸爸的左腿上，爸爸又是哎哟一声。

卓凡的妈妈听见儿子和丈夫打架，跑过来一看，见卓凡的爸爸左手上鲜血直流。她赶紧返回客厅找创可贴，听见丈夫在身后对儿子吼道：“滚，你给我滚，我没有你这样的儿子。敢打老子！考了 650 分就有出息了是不是？老子当年还是全县的高考文科状元呢！”

“滚就滚，什么了不起，我早就想滚了，你从今以后永远不会再有我这个儿子。”

卓凡长期积压在心里的，那一股说不清的怒气一下子全部爆发出来。他从房间里冲出来的时候，正好撞到了妈妈身上。

妈妈说：“儿子，你爸爸是一时的气话，你不要跑。”她一边说一边想用双手抱住儿子。可是，儿子的力气比她大多了，几乎没怎么用力就从她怀里挣脱出来。他打开大门，反手砰的一声把门关上，冲了出去。

卓凡的爸爸狠狠地说：“你让他跑，我看他能跑到哪里去？不知好歹的东西。考了 650 分就不得了了，要是考了 700 分那还不把尾巴翘到天上去！”

77 东湖永远的儿子

儿子已经跑了，卓凡的妈妈也不想与丈夫理论。她只能无语地穿上外套，出门去寻找儿子。她一边出门一边想，这样的日子实在是没法过了，等儿子高考一结束，她就把早已起草好的离婚协议拿出来。丈夫是律师，应该会很爽快地在离婚协议上签字。

儿子像今天这样跑出家门有好多次了，卓凡的妈妈倒是没有多么担心。有时候，他就在小区的花坛上一个人坐着，妈妈过来，说几句安慰鼓励的话，也就跟妈妈回家了。有时候，他跑到学校，或是同学家里，妈妈打一圈电话，或是开车找一圈，也就找到了。有一次，他泡在一个网吧里，待了三天三夜，几乎要把妈妈找疯了。后来，他自己回来了。今天，卓凡的妈妈有一点担心的是，他穿的衣服太单薄。寒冬腊月的，他只穿了一件毛衣和外套，没有穿棉袄就跑出门了。

卓凡的妈妈像过去几次一样，先是在小区附近找了几遍，接着开始打电话，直到晚上也没有卓凡的一点消息。如果不是与爸爸吵架，卓凡今天应该在晚上6:30赶到学校上晚自习。卓凡的妈妈很后悔这两天假期不应该回家，应该与儿子就待在学校附近的出租屋里，这样儿子就不会与他爸爸发生冲突。

夜深了，卓凡的妈妈不好再打电话。从下午3:00左右卓凡离家出走到现在，她晚饭没吃，澡也没洗，就合衣躺在了床上，但人却怎么也睡不着。

她关上灯后，一种莫名其妙的恐惧感突然涌上心来。她觉得，儿子这次恐怕真的要出事了。她不敢往其他方面想，越想越觉得可怕。她只好又把床头的灯打开，想用灯光驱走自己心头的恐惧。

她与丈夫已经分居好长时间了。要是没有分居，她这时候肯定会依偎在男人的怀里，就不会这样恐惧了。她这样想着，迷迷糊糊，似睡非睡地度过了一个揪心之夜。

第二天，卓凡没有回来。

第三天，卓凡没有回来。

第七天的时候，东湖体育学院划船训练中心的几名运动员在东湖上进行划船训练的时候，发现了一具青年男性的尸体漂浮在水面上。公安人员将尸体捞上岸，对尸体的发现过程、地点等进行了简单的询问后，就将尸体送到了殡仪馆。

卓凡的家就住在东湖边上。东湖里发生的事情，这个小区的居民总是在第一时间知道。卓凡的妈妈听到这个消息的时候，心里咯噔了一下，觉得有一块硬物堵在了心里。她叫上丈夫，开着车就往殡仪馆跑去。车开进殡仪馆的时候，她的脚连踩刹车的力气都没有了。

卓凡的妈妈在丈夫的半搂半抱下，拖着无力的双腿走到了停尸房。一进门，她就看见了卓凡身上那件熟悉的衣服。她“啊”了一声，倒在地上，随之昏了过去。丈夫在她倒地的同时，也浑身瘫软，一屁股坐在地上，抱着昏迷的妻子，他发出了中年男人非常恐惧的嚎叫。

就这样，我的珞珈山课堂上的一个学生卓凡，成了万顷东湖永远的儿子。

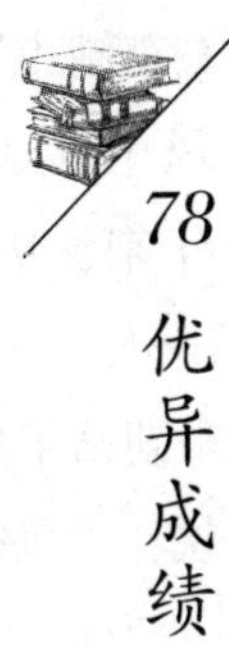

78 优异成绩

卓凡在东湖离去的消息，我是过了几天才知道的。

天天跑到我的办公室说："校长，卓凡在东湖溺水死亡了。"我不相信。天天说："千真万确，我们几个好同学去了他们家了。"

其实，卓凡出这样的事，我一点也不奇怪。说句内心话，珞珈山课堂开讲两年多来，越到后来，我越觉得这个课堂就是为卓凡和宇辰而开讲的。天天根本不用参加这个课堂，我相信他会成为家庭和社会有用人才。卓凡和宇辰的家庭教育方式，父母对他们的期望，一直让我为他们的成长担心。现在卓凡不在了，我这几天一直在反思，我这个珞珈山课堂对卓凡高中三年的成长究竟有没有作用？按照前一次课堂我们约定的，我还要给他们开讲三课。这两天我在想：我还有讲下去的必要吗？

我们约定的这次珞珈山课堂时间是元月 27 日，这一天是农历腊月二十四，是东湖市民传统的小年。

上山之后，我们在寒风中远远地望着东湖水，大家心情都比较沉重。近三年来，珞珈山课堂一直是四个人的课堂。今天却少了一人，三个人都不知道说什么好，就这样默默地对着东湖站了好久。

还是我先开了口。我说："我很早就为卓凡担心，珞珈山课堂的好多内容都是为卓凡而讲的。但现在卓凡还是离开我们大家了。我不能说卓凡的离去是当前中国教育体制的失败，也不能说他的离去是我们珞珈山课堂的不成功。珞珈山课堂陪卓凡走过了非常艰难的一段高中时光。没有珞珈山课堂，卓凡走得可能更早。"

天天说："我们都很喜欢珞珈山课堂，卓凡也很喜欢的。您陪我们走过了这一段让我们迷茫的高中时光。我觉得我在珞珈山课堂上的收获是很大的。"

宇辰也说："天天说得对，要不是珞珈山课堂，我完全按照爸爸妈妈的那一套折腾下去，我不被他们逼死，也会被他们逼疯的，是珞珈山课堂给了我信心和勇气，也给了我许多方法。"

我说："你们两个的心智已经比较成熟了，也能够经得住学习生活的压力和考验了，这就是我所期望的东西。至于你们的成绩，我一点也不担心。我相信，过几个月的高考，你们会考出 630 分以上的成绩。"

宇辰说："刚才忘了告诉校长，这次期末考试我考了 612 分。我好像找到感觉了，高考 600 分肯定是可以达到的。"

天天说："宇辰，祝你进步。我这次的进步没有你大，比上次只多了 5 分，总成绩 645 分。"

要是在过去，天天和宇辰肯定会打趣一番。可惜今天少了卓凡，他们没有了打趣的心情。

今天要是卓凡在的话，那该是多好的事情啊！卓凡 650 分，宇辰 612 分，天天 645 分。这么好的成绩，他们还不高兴得把珞珈山课堂闹"疯"了。我也可以高高兴兴地与他们"疯"一回。

我对天天和宇辰说："今天我给你们讲珞珈山课堂的最后一课吧。上次约定的 3 月和 6 月要讲的两课取消，我觉得对你们两人讲下去没有意义。你们不用再听我在珞珈山上唠叨了，一心一意去复习备考吧。"

两个家伙嚷嚷着要我不要取消。我说："就这么定了，今天我讲课的题目是：读书也是一种责任。我希望你们记住，读书是你们人生肩负的第一份责任，你们一定要肩负起来，为了你们自己，为了你们的家庭，也为了我们这个国家。你们把第一份责任肩负好了，今后才能肩负更大的社会责任。"

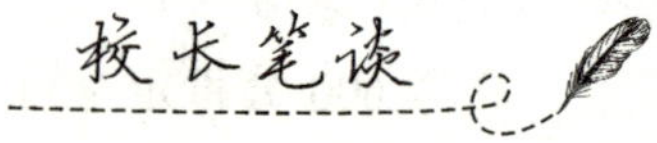

适当的教育是最好的教育

学校不仅仅是一个分数训练场，更是学生成长的摇篮。12 ~18 岁是一个人心智成长成熟的最关键的时期。训练分数是这个时期很重要的一个内容，但决不是唯一的内容，也不是全部的内容。

一些成功人士回忆起自己中学时代的校园生活，他们都会发现中学时代对自己人生影响最大的是学校的人文精神，是老师的精神品质。因此，我们既要让学生像学数学那样，求解训练分数时的最大值，让他们升入理想的大学，也要让学生像学政治和历史那样，追寻自己人生成长目标里的最小值，就是为社会培养一个个合格的、能自食其力的、遵纪守法的、尊老爱幼的公民，让他们首先成为一个优秀的劳动者。

一个人只要他在中学时代形成了正确的人生观、价值观，有良好的个人修养，有积极向上的人文精神，不管他的学习成绩如何，他肯定能成为对社会和家庭有用的人。

前不久我收到这样一条短信：一位校长对一位新来的年轻老师说，考 100 分的学生你要对他好，因为他将来会成为科学家；考 80 分的学生你要对他好，因为他将来会成为你的同事；考 60 分的学生你要对她好，因为他将来会成为教育局局长；考不及格的学生你要对她好，因为他将来会捐钱给母校；翻院墙的学生你要对他好，因为他将来会成为警察；爱打架的学生你要对他好，因为他将来会成为出色的军人；谈恋爱的学生你要对他好，因为他将来会成为文学家；不会写作文的学生你要对他好，因为他将来会成为新闻发言人，说一些不着边际的话；数学算不准的学生你要对他好，因为他将来会成为发改委的领导，国际油价涨了，他就发文让中国油价涨，国际油价跌了中国油价坚决不跌。这条茶余饭后的笑话短信，其实很值得我们家长和老师思考。

我们要让那些考 600 分的、500 分的、400 分的、300 分的学生，都对家长充满感恩，对老师、对学校充满留恋。我们有不少家长、老师成为学生做人做事的榜样，甚至成为学生择偶的标准。可见家长和老师对学生的影响有多大呀！

我近年来一直在思考这样的问题：什么是最好的家庭教育和学校教育？我认为，最好的教育应该是适当的教育。

家长和学校在学生的教育问题上，应该树立适当教育的思想，确立适当教育的目标，提出适当教育的要求。家长要为孩子选择适当教育的学校。这样，学生才能健康成长。否则，会适得其反。

什么是适当的教育？我认为，一是适合，二是适度。

关于适合，我认为：适合自己的学校就是最好的学校，我的这个观点被那些真正懂得教育的老师和家长所接受。我们经常看到一些家长，不问青红皂白地把学生往一些顶尖的名校送，结果三年下来，遗憾无比。什么是适合的教育？我们应该承认学生的智商和能力是有差异的，尽管这个差异可能不大，学生从小成长的环境也是有差别的，学生的学习兴趣点和情商兴奋点同样也不可能一样，而我们现在多数中学的教育、教学，单一化地以追求高分作为培养目标和评价标准，这肯定是不适合的。一个人在学业和事业上的得失成败，很大的因素就在于自己的潜质潜能在后天有没有得到适合的启迪和最大的发挥，得到了就可能获得成功，否则就会适得其反。怎么样才能为学生提供适合的教育呢？我认为我所在学校秉承“终身教育，多元培养，让学生成为对社会有用的人才”的办学理念所进行的教育，就是适合的教育。

关于适度，就更好理解了。根据学生自身情况来规划其受教育的程度、时间和内容等，不是受教育程度越高越好，也不是受教育时间越长越好，也不是受教育内容越多越好。曾经有一个物理备课组长为了提高本年级学生的物理成绩向我申请课时，我说：“你现在全年级物理均分是85分，假如我把一周的全部课时都让学生用来学物理，你能达到110分吗？”他说肯定不能。我说那我就不能给你增加课时。有的学生一天学 8 小时可以考 300 分，你让他一天学 16 个小时说不定还考不了 300 分。为什么呀？他要么被弄得厌学，要么想学但又疲劳得要睡觉。我所在的学校高三去年春节放了两周假，高考成绩比只放一周假的上一年提升了 9.85%，比那些只放一周假的同类学校也没有差到哪里去，甚至还好一些。今年我们仍然放两周假，成绩也是不降反升。适度的补课是有必要的，但到了腊月二十八、二十九了，学生和老师都盼着过年呢，谁还能静下心来补课呢？适当教育还是一种让老师、学生和家长快乐的教育。

关于适当教育的问题，是一个较大的话题，需要教育主管部门、学校、社会、老师、家长和学生来一次深刻的观念转变。

我特别要指出的是：我这里大讲适当教育，大家不要以为我是放松对教学质量要求，是降低对学生的培养目标。我还是那句话，我们要把 300 分的学生往 400 分培养，把 400 分的学生往 500 分培养，把 500 分的学生往 550 分培养，把 550 分的学生往 600 分培养，把 600 分的学生往 650 分培养，把 630 分的往 680 分培养。这样的培养目标，经过老师、学生和家长的共同努力是完全有可能实现的。但是，把一个 300 分的学生培养成 600 分的学生，这样的目标就基本上实现不了，极少数能够实现的，那不仅是在分数上成就了我们的学生，而且在分数上创造了奇迹。

尾声：远飞的大雁

6月25日，东湖市高考成绩揭晓。

天天和宇辰分别给我打电话说："校长，我要你上珞珈山。"说话间还带着他们在我面前从来没有表现过的男孩子的娇气。

我知道他们肯定有好消息告诉我。天天不仅参加了国内高考，他同时也考了英语托福和美国大学生入学考试。放下电话，我就从办公室出来，直奔学校后面的珞珈山。

两个学生其实已经到了珞珈山。这两个调皮的家伙，他们就是站在珞珈山上，分别给我打的电话。他们还在石桌上摆满了熟食和啤酒。

我走到他们跟前的时候，天天对我说："今天我要给您一个惊喜。"

我问："什么惊喜？"

宇辰说："校长，您别听他蒙，没什么惊喜。"

天天说："确实是惊喜。来，宇辰。"说着把宇辰拉到我的跟前。

天天把自己的头朝两边摇晃着，对我说：“现在，请允许我隆重地向校长介绍。”

他有意停了一下，故作神秘地说：“珞珈山课堂的王宇辰同学，今年 6 月高考成绩 646 分。准备读的大学：中国武汉大学。”

天天的俏皮话把我逗乐了。我对宇辰说：“祝贺你，宇辰。”

宇辰说：“天天也考得很好。”

我问天天考了多少分，两个家伙都不告诉我。

天天说：“来，我们先为宇辰干一杯吧。”

“值得值得。来，宇辰，祝贺你。”

三只酒杯碰在一起的时候，卓凡在我的脑海里闪现出来。为了不破坏眼前两个学生的心情，我没有说出来。

我说：“该说你的成绩了，天天。如果不来珞珈山，现在我就有我们全校学生的高考成绩了。”

宇辰说：“校长，请允许我向您介绍珞珈山课堂尚天天同学的高考成绩。”

宇辰停下来，将双手伸向天空，对着东湖喊着“一、二、三——”

“中国高考 683 分，全省理科第 9 名，英语托福 106 分，美国 SAT 考试成绩 2100 分，国内录取学校：北京大学，准备读的大学：美国俄亥俄州立大学。”天天和宇辰齐声喊着。

他们的喊声，震飞了栖在我们头顶树梢上的许多白鹭，它们“啊啊”地在树梢之间飞来飞去。

我举起酒杯，对天天说：“祝贺你，天天！你真了不起！”

天天说：“感谢您在珞珈山上陪我们走过了三年高中时光，我会永远记住珞珈山课堂。”

天天说话的时候，宇辰抱着我哭起来了，边哭边说：“如果没有珞珈山课堂，我真不知道高中三年怎么走过来。”

祝贺的酒，感谢的酒，我们干了一杯又一杯。

我们都有一些醉意了。

不知怎么的，我突然想起了我远在美国求学的女儿，想起了10多年前女儿读初中的时候，在放学的路上，坐在我的自行车后座上，不经意问我的那一句话：“爸爸，油菜花什么时候开了？”

我情不自禁地面对东湖，流着泪，放声唱起了年轻时候喜欢唱的一首歌《远飞的大雁》。我改编了歌词。

远飞的大雁，
请你快快飞。
你要告诉，
我在大洋彼岸，
求学的女儿。
我多想她，
回到我的身边。

我多想告诉她，
故乡小河边，
油菜花又开。

后　记

八年前，武汉大学出版社出版我那本写给学生的书《116次谈话》的时候，责任编辑就建议我还写两本书，一本写给家长，一本写给老师。

我那本书虽然是写给学生的，但家长和老师读者也有很多，尤其是一些班主任老师，把我那本书当做了班会教材。后来再版的时候，书名干脆改为《教你如何读高中》。现在这本书《陪读》，从书名上看是写给家长和老师的，但我的立足点是从学生的成长出发的，全书的结构也是从学生进入高中到高中毕业来展开的。所以，这本书实质上还是写给学生的。其实，学生的成长就是一个教育者和受教育者互动的过程。受教育者应该读的书，教育者是必读不可的。否则，他就不能做教育者，至少不能成为一名优秀的教育者。

我是用最原始的方式来完成这本书的写作的。在这个可以用复制和粘贴写作的时代，还像我一样，笨拙地用钢笔一个字一个字地写几十万字的人，我不知道还有多少。

这本书里的每一个人物和故事，都是真实的。包括三个学生的平时考试成绩和两个学生最后的高考成绩，都是真实记录。除了珞珈山这个地名外，其他地名、校名、人名等，我都使用的是化名，相信读者能够理解这一点。我是带着激情写完这本书的。做中学校长的这些年，我无时无刻不在激动与感动中生活着，那些积压在我心里的东西，我不写出来不行，不释放出来不行。书里有好几段文字，我一边写，一边流泪，以至于有的稿纸上留存着我的泪痕。

我相信，从自己心里流淌出来的东西，最有可能流进别人的心田。

我期待着这本书有更多的读者，也期待着这本书能够给每一位读到它的人有一定的帮助。这种帮助哪怕只有一点点，我也心满意足。

作　者

邮箱：xiaoxinbin0803@sina.com

2015 年 3 月于珞珈山